VOGELSPINNEN

ANN WEBB

145 Abbildungen

Terrarien Bibliothek
Natur und Tier - Verlag

Inhalt

1. Auflage 1993
2. Auflage 2000
3. Auflage 2002

ISBN 3-931587-32-0

Titel der Originalausgabe: The Proper Care of Tarantulas

Natur und Tier - Verlag GmbH
An der Kleimannbrücke 39/41
48157 Münster
Geschäftsführung: Matthias Schmidt
Deutsche Übersetzung: Matthias Schmidt
Fachliche Beratung: Peter Klaas, Köln
Druck: Remarks - R, Riga

Einführung

Für viele Jahre war das Thema Vogelspinnen ein Tabu. Das war darauf zurückzuführen, daß die meisten sich unter Vogelspinnen große, todbringende Spinnen vorstellten, die alles, was sich bewegt, töten oder in Angst und Schrecken versetzen. Das ist ein großer Irrtum, denn bei den meisten Vogelspinnen handelt es sich um friedliebende und ruhige Lebewesen.
Der Gedanke, eine Vogelspinne im eigenen Haus zu haben, ist von den meisten Tierliebhabern niemals in Erwägung gezogen worden.
Die Horrorvisionen, die den Vogelspinnen anhaften, sind ein beliebtes Thema für die Medien und die Filmproduzenten. Die vorhandenen Vorurteile werden auf diese Weise verstärkt und führen zu einer zusätzlichen Abneigung den Spinnen gegenüber. Mögliche Vogelspinnenfreunde werden durch falsche Darstellungen abgeschreckt.
Aber schauen Sie sich eine Vogelspinne einmal an! Sehen Sie, wie schön sie ist und wie hübsch viele Arten gefärbt sind. Wie kann etwas, was für das Auge so attraktiv ist, furchterregend sein?
Tatsächlich werden Vogelspinnen schon seit vielen Jahren gepflegt und auch nachgezüchtet. Zwar sind es in erster Linie Wissenschaftler, die sich mit diesen Tieren beschäftigen, doch auch im privaten Bereich interessieren sich viele Tierfreunde zunehmend für Vogelspinnen.
Zweifellos haben die Vogelspinnen mittlerweile eine Popularität erreicht, die es uns endlich ermöglicht, ohne Vorurteile über diese Tiere zu sprechen. Genau das wollen wir in den folgenden Kapiteln tun.
Vogelspinnen lassen sich aus verschiedenen Gründen als ideale Terrarientiere bezeichnen:

1. Sie beeindrucken durch Artenvielfalt und eine faszinierende Lebensweise.
2. Ihre Pflege ist einfach und auch mit geringen finanziellen Mitteln möglich.
3. Vogelspinnen benötigen nicht viel Platz.

Auch der Anfänger in der Terraristik wird an Vogelspinnen viel Freude haben, wenn er sich zunächst ausreichend mit ihrer Lebensweise und ihren Pflegeansprüchen vertraut macht.
Weltweit gibt es über 30.000 Spinnenarten. Hiervon zählen gut 800 Arten zu den Vogelspinnen (Theraphosidae). Fälschlich werden diese großen behaarten Spinnen oft als „Taranteln" bezeichnet. Die eigentliche Tarantel ist aber eine kleine Wolfsspinne aus Südeuropa mit dem wissenschaftlichen Namen Lycosa narbonensis bzw. Lycosa tarantula. Diese Spinnen wurden von der Bevölkerung früher sehr gefürchtet. Die Menschen glaubten, daß der Biß dieser Wolfsspinne zum Tod oder zum Wahnsinn führt. Wurde jemand von der Spinne gebissen, so konnte ihn nur ein wilder Tanz, der sogenannte Tarantella, vom Gift befreien. So kam die Wolfsspinne zu ihrem Namen Tarantel.
Heute wissen wir, daß das Gift der Tarantel eher harmlos ist. Bei den von der Tarantel gebissenen und den Veitstanz aufführenden Menschen handelte es sich seinerzeit wohl um gewitzte Landstreicher, die das Mitleid der Dorfbewohner ausnutzten, da sie nach erfolgreicher Behandlung reichlich und kostenlos zu essen bekamen.
Die amerikanische Bezeichnung „Tarantula" verdanken die Vogelspinnen italienischen Einwanderern. Diese benannten die für sie neuen großen Vogelspinnen mit dem vertrauten Wort Tarantula, in Anlehnung an die ihnen

bekannte italienische Tarantel.
Ich selber bin von allen Tieren begeistert und so war es eher ein Zufall, daß ich mit Vogelspinnen konfrontiert wurde.
Ich suchte nach einem kleinen Haustier, das in meine Wohnung paßt, und wie ich bereits erwähnt habe, die Vogelspinne erfüllt die Anforderungen besonders gut. Nicht zuletzt bringt der Name Webb schon eine Verbindung zu den Spinnen mit sich.
Anfangs dachte ich, wie auch viele andere, daß Vogelspinnen grundsätzlich nur aus der wunderschönen mexikanischen Rotknie-Spinne (Brachypelma smithi) bestehen. Schnell entdeckte ich aber, daß es noch viele andere fremdartige und sehr schöne Arten gibt.
Mit Hilfe dieses Buches werde ich ausführlich auf die Unterschiede der verschiedenen Arten, die zum Teil ganz erheblich sind, eingehen und damit hoffentlich allen Spinnenliebhabern oder denen, die es werden möchten, die richtigen Ratschläge für die Wahl der richtigen Spinne geben. Bedenken sollten Sie immer, egal welche Spinne Sie auswählen, Sie müssen darauf vorbereitet sein, der Spinne gegenüber eine Verpflichtung einzugehen, was bedeutet, regelmäßig und gut für das Wohl des Tieres zu sorgen. Nur zu oft werden Tiere (und nicht nur Vogelspinnen) unüberlegt, aus einer Laune heraus, gekauft, ohne dabei an das Wohl des Tieres zu denken. Was geschieht mit ihm, wenn das anfängliche Interesse nachläßt? Natürlich ist ein Grund für die Anschaffung eines Haustieres, daß wir Freude an ihm haben. Doch darf das nicht der alleinige Grund sein. Das Wohl des Tieres muß an erster Stelle stehen.
Meine persönlichen Erfahrungen mit Tieren konnte ich schon in früher Kindheit sammeln. Ich kann mich nicht erinnern, daß es in meinem Elternhaus jemals eine Zeit ohne Haustiere gegeben hätte. Mit uns lebten Hunde, Katzen, Nagetiere, Vögel, Fische, Schildkröten, Schlangen und einiges mehr. Die Spinnen gesellten sich auch schon früh dazu, und inzwischen teile ich mit vielen Tieren mein Leben und mein Haus.
Die Spinnen betrachte ich schon seit langem als meine liebsten Pfleglinge. Das war nicht immer so.
In dieser Einführung möchte ich betonen, daß alle folgenden Seiten auf meinen Erfahrungswerten mit Vogelspinnen basieren. Sie zu studieren, Erfahrungen zu sammeln, ist ein langwieriger Prozeß, in dem ich natürlich auch Fehler gemacht habc. Glücklicherweise hat keine meiner Spinnen durch das Fehlen wichtiger Informationen ihr Leben lassen müssen, und die Fehler, die ich gemacht habe, waren eine Lehre für die weitere Pflege der Tiere.
Das anfängliche Problem war in erster Linie, daß es kaum richtige Informationen über diese Tiere gab. Die wenigen Bücher, die zur Verfügung standen, waren vom Inhalt her sehr sparsam ausgestattet, so daß die Pflege solch exotischer Tiere ein reines Geratewohl-Spiel war. Niemand, nicht einmal der Fachhändler, konnte viel über die Tiere sagen, und Fehlinformationen (die zahlreich aufkamen) waren noch weitaus schlimmer als gar keine Informationen. Doch falsche Informationen waren alles, was zu bekommen war.
Heute gilt mein Dank der unermüdlichen Arbeit der Arachnologen, die daran gearbeitet haben, Informationen über die Tiere zusammenzutragen und die auch bereit waren, diese gesammelten Erfahrungen weiterzugeben. Hierdurch haben Vogelspinnen eine deutlich

bessere Chance, im Terrarium zu leben und auch gezüchtet zu werden, als es zu Beginn meiner Vogelspinnenpflege 1981 der Fall war. Sie haben gerade das Wort „Arachnologe" gelesen. Für alle diejenigen, die es nicht wissen, Spinnen gehören wie auch Skorpione, Milben, Zecken, Walzenspinnen und einige andere Ordnungen zu den Spinnentieren (Arachnidae). Das Wort stammt aus der griechischen Mythologie. Eine junge Weberin namens Arachne konkurrierte in einem Web-Wettbewerb mit der Göttin Athene. Arachne gewann den Wettkampf und verärgerte die Göttin dadurch so sehr, daß Athene Arachne in eine Spinne verwandelte, die fortwährend weben sollte. Daher haben wir Arachnidae, die Spinnentiere und Arachnologen, diejenigen, die sich mit dem Studium, der Pflege und Zucht von Spinnen befassen. Wir haben Arachnophile, diejenigen, die Spinnen lieben, und wir kennnen Arachnophobien, die aus Ekel vor Spinnen entstehen.

Doch wenden wir uns wieder den Vogelspinnen zu. Haben sie ein unterschiedliches Temperament? Haben die Tiere unterschiedliche Charaktere? Die Antwort ist ganz einfach ja. Zwischen den verschiedenen Arten gibt es ganz gewaltige Unterschiede, und selbst innerhalb einer Art variieren die Charaktere deutlich voneinander. Lernen Sie Ihre Spinne kennen, und Sie haben schon viel erreicht. Dieses Buch ermöglicht dem Leser, ein besseres Verständnis über das Wesen der Vogelspinnen zu erlangen. Meine eigenen Erfahrungen und die befreundeter Spinnenliebhaber lieferten die Grundlagen für das Zustandekommen.

Durch das Verschwinden der natürlichen Lebensräume, speziell des tropischen Regenwaldes, verlieren viele

Geißelskorpione, hier die größte Art *Mastigoproctus giganteus*, gehören zu den Spinnentieren.

Das Verschwinden der natürlichen Lebensräume, insbesondere der Regenwälder, gefährdet auch das Überleben der Vogelspinnen.

Tierarten, darunter auch Vogelspinnen, ihre Lebensgrundlagen. Es wird daher immer wichtiger, auch die als häufig geltenden Arten in Gefangenschaft zu züchten. Weltweit gibt es inzwischen ausreichend große Zuchtstämme, so daß eine Plünderei der Natur durch die Liebhaber nicht erfolgt. Es wird sogar schon diskutiert, daß in Gefangenschaft nachgezogene Vogelspinnen ab einer bestimmten Größe in die Natur eingegliedert werden sollen, doch sind das sicher noch Überlegungen für die Zukunft. Ich bin nicht dagegen, neue Arten aus der Natur zu entnehmen, vorausgesetzt, eine Kontrolle ist gewährleistet. Sicherlich gibt es noch Vogelspinnen, die uns bislang noch völlig unbekannt sind, und die Suche nach diesen Tieren sollte, und ich bin mir sicher, wird auch weitergehen.

Ausgedehnte Nachzuchtprogramme, wie sie in einigen Ländern bereits praktiziert werden, sorgen wie auch die Bemühungen nationaler und internationaler Vogelspinnen-Gesellschaften zweifelsohne dafür, daß die jungen Nachzuchtspinnen, die auf den Markt kommen, den natürlichen Bestand der Vogelspinnen in den Herkunftsländern deutlich schonen. Etwas beunruhigend ist die Tatsache, daß viele Liebhaber nur die großen, farblich ansprechenden und ausgewachsenen Tiere kaufen möchten. Die angebotenen Jungtiere, die im Gegensatz zu ihren Eltern farblos und wenig attraktiv erscheinen, sind anscheinend nicht interessant. Dies ist sehr schade, da es meiner Meinung nach nichts Schöneres in der Vogelspinnenpflege gibt, als die Entwicklung einer jungen Spinne zu verfolgen, ihren Farbwechsel zu beobachten und zu sehen, wie sie langsam von Häutung zu Häutung ihre volle Größe erreicht.

***Brachypelma smithi,* die Mexikanische Rotknievogelspinne, steht unter Artenschutz.**

Niemals sollten Sie aus dem Auge verlieren, daß Ihre Spinne, egal, ob sie aus der freien Natur stammt oder in Gefangenschaft gezogen worden ist, ein „wildes Tier" ist und als ein solches angesehen werden muß. Sie ist durchaus in der Lage zu beißen und tut dies auch, sobald sie sich bedroht fühlt.

Ich hoffe, daß Ihnen das Buch gefällt und daß es zugleich eine Hilfe wie auch ein Leitfaden und Ansporn für alle Vogelspinnenliebhaber ist.

Ann Webb
Radlett, Hertfordshire
England

Warum pflegen wir Vogelspinnen?

Wenn wir zum ersten Mal über die Pflege eines exotischen Tieres nachdenken, sollten wir uns immer eine sehr wichtige Frage stellen: Warum? Da sind ohne Zweifel viele Gründe, aber der weitaus schlimmste ist die Sensationsgier: Der Angeber, der den Gedanken mag, etwas zu besitzen, was andere nicht oder nur selten haben. Derjenige, der beabsichtigt, Freunde und Verwandte mit diesen „tödlichen" Spinnen zu terrorisieren. Vogelspinnen sind ein erstklassiges Beispiel für Sensationsjournalismus. Da ist nichts, was die Medien lieber beleuchten als diese Seite der Vogelspinnen. Die schlimmsten Veröffentlichungen stehen dabei zweifelsohne in Zeitungen.

Vogelspinnen sind natürlich exotische Tiere, und unsere Motive für ihre Pflege in Gefangenschaft müssen bestmöglich sein.

Ich für meinen Teil halte Spinnen aus vier wesentlichen Gründen.

1. Ich liebe sie.
2. Ich spüre, daß sie schlimm mißverstanden werden.
3. Ich will mein Bestes für ihren Schutz tun, besonders in der freien Natur, wo ich ihr Aussterben verhindern möchte.
4. Ich mag es, ihre Gewohnheiten, ihre Eigenarten, ihre Schönheit, ihre Anmut und ihre äußerst spezielle Lebensweise zu erkunden.

Ich werde oft gefragt, was die Tiere überhaupt tun. Wirklich, die Antwort ist – nicht gerade viel. Tagsüber bewegen sich die Spinnen kaum, des nachts scheinen sie etwas lebhafter zu sein, doch kenne ich Spinnen, die tagelang am selben Fleck saßen. Von diesem Standpunkt aus betrachtet, sind die Spinnen vielleicht uninteressant für Leute, die lieber aktivere Tiere möchten. Eine besonders positive Eigenschaft ist ihre Anspruchslosigkeit. Wenn der Hund bellt, um ausgeführt zu werden, wenn die Katze nach Futter schreit oder der Cockerspaniel, nur weil er gerade Lust darauf hat, empfinde ich das ruhige Leben meiner Spinnen als sehr angenehm. Die weitaus interessanteste Sache ist natürlich ihre Vermehrung. Die Zucht in Gefangenschaft ist heutzutage viel wichtiger als je zuvor. Vogelspinnen sind tatsächlich die Dinosaurier unter den Spinnen und sind äußerst primitiv. Sollten sie nicht in Gefangenschaft nachgezogen werden, so besteht kaum ein Zweifel daran, daß sie denselben Weg gehen werden, den ihre gigantischen Mitbewohner der Erde Millionen von Jahren zuvor auch gegangen sind. Angaben, die bislang gesammelt worden sind, sagen uns, daß es ungefähr 800 und mehr Arten von Vogelspinnen in der Welt gibt, doch wie gesagt, noch immer werden neue Arten entdeckt. Das Verschwinden der Regenwälder, die den Lebensraum für schätzungsweise ¼ aller Arten darstellen, verursacht große Schäden in ihrer Ökologie. Wir können die bereits gerodeten Wälder nicht wieder zurückbringen, doch können wir daran arbeiten, noch größeren Schaden zu verhindern. Auf jeden Fall ist der Schaden, der bereits entstanden ist, nur dadurch auszugleichen, daß eine gezielte Zucht in Gefangenschaft gewährleistet ist.

Erinnern Sie sich an die Faustregel, die ich in der Einleitung angesprochen habe: Das behaarte Lebewesen in der Ecke Ihres Wohnzimmers ist ein wildes Tier. Es wird beißen, wenn es sich dazu gezwungen sieht, und es ist völlig unberechenbar.

Bevor Sie also losgehen und eine Vogelspinne kaufen,

überdenken Sie Ihre Entscheidung sehr sorgfältig. Sie werden die Spinne je nach Art und Geschlecht für einen Zeitraum zwischen 2 und 30 Jahren pflegen müssen. Und Sie müssen dazu bereit sein, der Spinne die Aufmerksamkeit während ihres Lebens zu geben, die sie benötigt. Zwar stellt eine Spinne nicht so hohe Anforderungen wie sagen wir z. B. ein Hund, doch ist sie auch ein Teil des „Haushaltes", ein lebendiges Geschöpf, das einzig und allein von Ihnen abhängig ist, was Futter, Wasser und Aufmerksamkeit anbelangt. Alles, was es in der Gefangenschaft benötigt, bekommt es selbständig in der Natur. Nun müssen Sie dafür sorgen, daß alles auch in der Gefangenschaft für Ihren Pflegling bereitsteht.

Denken Sie daher bitte besonders gewissenhaft über die Anschaffung dieses Terrarientieres nach, ehe Sie Hals über Kopf in eine Verpflichtung hineinstürzen, die mehr Probleme hervorrufen könnte, als Sie zunächst angenommen haben.

Suchen Sie Ratschläge bei denjenigen, die Erfahrungen mit der Vogelspinnenpflege haben, es gibt weltweit genügend Experten auf diesem Gebiet. Denken Sie an die Vogelspinnengesellschaften oder an ortsansässige Vereine. Tatsächlich gibt es Spinnenliebhaber in allen Gegenden der Welt, und Informationen sind inzwischen in Fachbüchern und zunehmend auch in Zoo-Fachgeschäften erhältlich. Ich empfehle ganz stark, daß Sie sich, und zwar bevor Sie Ihre erste Spinne kaufen und all die möglichen Fehler begehen, die so leicht vermieden werden können, einer Gruppe erfahrener Terrarianer anschließen.

Wenn Sie von Anfang an alles richtig machen, können Sie und Ihre Spinne in einer perfekten Harmonie leben. Ich kann Ihnen garantieren, daß Sie, sobald Sie den ersten Schritt getan haben, ein noch größeres Interesse an den Vogelspinnen bekommen, und Sie werden mehr und mehr über diese interessanten Tiere wissen wollen und mehr und mehr Tiere pflegen wollen. Ich begann mit einer Spinne, und zur Zeit pflege ich 80! Und in vielen Fällen glückte mir auch die Zucht!

Systematik

Wenn wir uns näher mit den verschiedenen Arten der Vogelspinnen beschäftigen, werden wir schnell feststellen, daß Kenntnisse über die systematische Eingliederung der Spinnen in das Tierreich sehr hilfreich sind. Die wissenschaftlichen Namen, die den verschiedenen Arten aufgrund von Erstbeschreibungen gegeben werden, ermöglichen weltweit eine sichere Identifizierung der jeweiligen Art. Nur auf diese Weise kann der Stand der wissenschaftlichen Forschung ohne die Gefahr von Verwechslungen international ausgetauscht werden.

Das nomenklatorische System schreibt vor, daß der „Name" einer Art aus zwei bzw. bei einer Unterart aus drei Wörtern besteht. Dieser wissenschaftliche Name bezeichnet im ersten Wort die Gattung, im zweiten die Art und im dritten gegebenenfalls die Unterart.

Verwandte Arten sind in einer Gattung zusammengefaßt, so daß wir mitunter allein aufgrund der wissenschaftlichen Bezeichnung eine erste Vorstellung von der Art erhalten.

Vielleicht war unsere erste Vogelspinne eine Rotfußvo-

gelspinne (Avicularia avicularia). Über diese Spinne haben wir sicher einiges gelernt, zum Beispiel, daß es sich um eine baumlebende Art handelt, die in Mittel- und Südamerika beheimatet ist.
Wenn wir nun auf eine andere Art der Gattung Avicularia stoßen, können wir in der Regel davon ausgehen, daß es sich ebenfalls um eine baumlebende Vogelspinne aus dem tropischen Amerika handelt – und haben so allein aufgrund der Übereinstimmung bei der Gattung die ersten Erkenntnisse über die Art gewonnen.
Wir sehen also, daß durch die Einordnung unserer Vogelspinnen in das nomenklatorische System art-, gattungs- und familientypische Gemeinsamkeiten zum Ausdruck gebracht werden.

Zur Gattung *Brachypelma* zählen große, bodenlebende „Bombardierspinnen".

Alle Spinnentiere werden in der Klasse Arachnida (Spinnentiere) zusammengefaßt. Zu den Spinnentieren zählen zum Beispiel auch die Skorpione (Ordnung Scorpiones), die Milben (Ordnung Acari) und natürlich die verschiedenen Ordnungen der Spinnen.
Vogelspinnen gehören zur Ordnung der Webspinnen (Araneae) und hier zur Unterordnung der Vogelspinnenartigen (Mygalomorphae). Schließlich geraten wir bei einer weiteren Aufschlüsselung des Stammbaums an die Familie der Vogelspinnen (Theraphosidae).

Biologie der Vogelspinnen

Vogelspinnen unterscheiden sich in vielfacher Hinsicht von anderen Spinnen. Natürlich fällt zuerst ihre Größe auf, da einige Arten mehr als handtellergroß werden. Bemerkenswert und typisch ist ferner die Anordnung der Chelizeren, deren Basalglied gerade, nämlich in Richtung der Körperlängsachse angeordnet ist, so daß die Chelizerenklauen vertikal zur Längsachse nach unten und innen schlagen. An weiteren Besonderheiten wären der Augenhügel zu nennen, der immer auf der Scheitelseite des Cephalotorax sitzt, und die beinartigen Taster. Diese Taster stellen ein einzigartiges weiteres Sinnesorgan der Vogelspinnen dar. An ihnen haften Geruchshaare, mit deren Rezeptoren die Spinnen ihre unmittelbare Umgebung erkunden können. Die vorgefundenen Informationen werden blitzschnell an das Spinnenhirn weitergeleitet. Auf diese Weise sind die Spinnen sogar in der Lage, Futtertiere zu identifizieren.
Schließlich fällt die eigentümliche Behaarung der Vogelspinnen auf. Es handelt

Ihre langen Tasthaare setzt *Brachypelma smithi* als zusätzliches Sinnesorgan ein.

sich zum einen um Tasthaare, über die die Spinne alle mechanischen Erschütterungen registriert und so mögliche Gefahren erkennt.

Darüber hinaus besitzt die Vogelspinne Hafthaare, was jeder Spinnenhalter bestätigen kann, der schon erlebt hat, wie schnell und sicher Vogelspinnen auch an senkrechten Glasscheiben emporklettern können.

Als eine weitere Spezialisierung verfügen einige Arten über sogenannte Brennhaare. Diese sitzen recht locker auf der Abdominalhaut und können durch Scheuerbewegungen der Hinterbeine gelöst und in die Luft gewirbelt werden. Da das recht zielsicher geschieht, verfügt die Spinne mit diesen „Bombardierhaaren" über eine recht wirksame Abwehrwaffe. Auch der Spinnenpfleger sollte sich vor den amerikanischen „Bombardierspinnen" (zum Beispiel viele Brachypelma-Arten) in acht nehmen, da die Brennhaare zu tagelangem Juckreiz, zu Hautrötungen und in den Atemwegen zu heftigem Hustenreiz führen können.

Über die allgemeine Anatomie und die wissenschaftliche Bezeichnung der einzelnen Körperteile informiert das nachfolgende Schaubild. Vogelspinnen verfügen über ein charakteristisches Erscheinungsbild, das sich am besten anhand von Zeichnungen erklären läßt. Einige fachliche Ausdrücke lassen sich dabei leider nicht vermeiden.

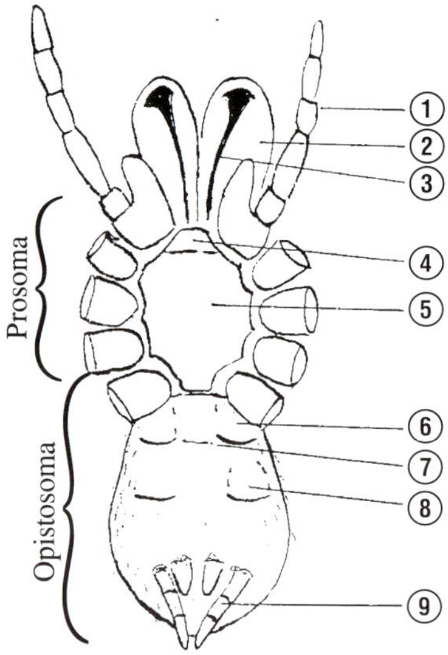

Ventralansicht

1. Taster
2. Chelizere
3. Chelizerenklaue
4. Labium
5. Sternum
6. Vordere Fächerlunge
7. Epigastralfurche
8. Hintere Fächerlunge
9. Spinnwarzen

Dorsalansicht

1. Prosoma
2. Abdomen
3. Cephalothorax
4. Spinnwarzen
5. Anus
6. Augen
7. Chelizeren
8. Carapax
9. Taster

Gift und Brennhaare – Sind Vogelspinnen gefährlich?

Alle Vogelspinnen sind giftig, aufgrund der geringen Giftwirkung für den Menschen jedoch ungefährlich. Auch die Wissenschaft ist an dem Spinnengift interessiert, und so gibt es zur Zeit zahlreiche Untersuchungen zum Gifttyp und zur Giftmenge der verschiedenen Spinnenarten. Verschiedene Wissenschaftler und Vogelspinnenpfleger bestätigen, daß ein Vogelspinnenbiß nicht schlimmere Folgen hat als der Stich einer Biene oder einer Wespe.

Menschen, die allergisch auf Insektengifte reagieren, sollten sich entsprechend vorsichtig verhalten und aus Sicherheitsgründen den direkten Umgang mit Vogelspinnen vermeiden. Für den gesunden erwachsenen Menschen besteht durch den Biß einer Vogelspinne im Regelfall keine Gefahr, doch können die kräftigen und oft großen Klauen durchaus starke Schmerzen verursachen. Bei allen Bißverletzungen, die durch in Gefangenschaft gehaltene Vogelspinnen aufgetreten sind, ist nicht eine mit einem tödlichen Verlauf bekannt. Ich bin selber noch nie gebissen worden, doch habe ich den Spinnen auch keine Gelegenheit dazu gegeben. Natürlich kann ein Biß nicht ausgeschlossen werden, und so muß selbst der vorsichtigste Arachnologe damit rechnen, gebissen zu werden.

Neben vielen anderen Spinnenpflegern unterstütze auch ich die Theorie, daß, wenn eine Vogelspinne in die Hand ihres Pflegers beißt, sie augenblicklich die Ungenießbarkeit bemerkt und daher nicht ihr kostbares Gift für etwas verschwendet, was sie nicht verzehren kann. Dementsprechend gering ist die injizierte Giftmenge.

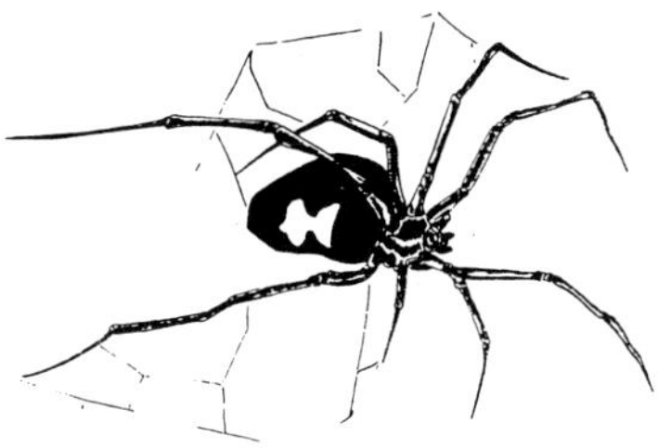

Die tödlich giftige Schwarze Witwe ist keine Vogelspinne.

Spinnen, die tödlich verlaufende Bißverletzungen verursachen können, gehören wie z. B. die Schwarze Witwe (Latrodectus mactans) nicht zu den Vogelspinnen. Gefährliche Giftspinnen sind sicher nicht als geeignete Terrarientiere zu bezeichnen.

Auch die Behaarung einiger Arten kann aufgrund der Reiz- und Brennhaare zu Hautausschlägen und anderen unangenehmen Symptomen führen.

Einige Vogelspinnen sind als sogenannte Bombardierspinnen bekannt. Bei Gefahr nutzen die Tiere die Behaarung des Abdomens, um sie mit kräftigen Bewegungen der Hinterbeine vom Körper loszubrechen und dem Angreifer entgegenzustäuben. Ganze Wolken feinster Härchen verteilen sich in der umgebenden Luft. Auch diese Härchen führen gelegentlich zu unangenehmen Körperreaktionen, nicht zuletzt durch Allergien. Die Wissenschaft hat sich ausführlich mit der Abwehrmethode der Bombardierspinnen befaßt und die zahlreich aufgekommenen Berichte bezüglich der Wirkung der feinen Spinnenhärchen geprüft.

Sobald die Spinne die Härchen mit ihren Beinen abreibt und damit in der Luft verteilt, ist von einigen Pflegern als Reaktion eine deutliche Reizung der Augen und der Nasenschleimhäute beschrieben worden, die in schlimmen Fällen zu Entzündungen geführt hat.

Es wird für möglich gehalten, daß die in der Luft verteilten Haare eine Art von zusammenhängenden Wolken bilden (John Nichol, 1986). Nachdem eine Rotknie-Vogelspinne (Brachypelma smithi), die zu den aktivsten Bombardierspinnen gehört, ihre Reizhaare abgegeben hatte, ist bei dem Pfleger ein stark juckender Bereich auf der Hand aufgetreten. Bei genauerem Untersuchen des angegriffenen Hautbereichs konnten unter starker Lichteinstrahlung die Härchen als Verursacher ausgemacht werden. Das Besondere war, daß sich die Haare nicht einzeln, sondern in kleinen, dichten Gruppen festgesetzt hatten. Werden diese Klumpen oder Gruppen von Reizhaaren möglichst bald nach dem Erkennen mit einer Pinzette entfernt, ist der Juckreiz nicht von langer Dauer. Werden die Härchen nicht entfernt, so hält die Hautreizung an und verschlimmert sich noch.

Ein weiterer Vorfall hat sich ebenfalls im Zusammenhang mit einer Rotknie-Vogelspinne ereignet. Nach dem Wasserwechsel im Terrarium zeigte sich ein Hautausschlag an den Armen und über dem unteren Brustbereich. Die Reizung hielt über mehrere Tage an, ehe sie nachließ, dann aber von Zeit zu Zeit in

Beim Umgang mit Vogelspinnen, speziell mit den sogenannten „Bombardierspinnen" wie *Brachypelma smithi,* ist Vorsicht geboten.

Auch *Aphonopelma spec.* gehört zu den „Bombardierspinnen".

geschwächter Form wieder aufflammte (Dennis Toulson, 1988). Dies bestätigt ebenfalls die Theorie des cumulativen Effektes.
Die südamerikanische Rotfuß-Vogelspinne (Avicularia avicularia) ist eine andere Spinnenart, deren Haare dafür bekannt sind, Hautreizungen hervorzurufen. Besonders die Unterarme können von einer Art Nesselausschlag betroffen werden, der aber keine weißen, sondern rote Pünktchen aufweist. Die betroffenen Bereiche sind stark entzündet, und die Abheilung dauert über eine Woche. Zusätzlich können sich die Spinnenhärchen in den Augen festsetzen. Hiervon betroffene Vogelspinnenpfleger berichten, daß nach mehrfachem Reiben und Auswaschen der Augen der Tränenkanal und der Hautbereich um den Augapfel angeschwollen sind. Der Augapfel soll mit Ausnahme der Pupille und der Iris mit einer ½ Millimeter starken undurchsichtigen Gallertschicht überzogen gewesen sein. Die begleitende Reizung war vergleichbar mit einer Bindehautentzündung, doch verschwanden die Reizung und auch die gallertartige Schicht durch regelmäßiges Waschen und Ausspülen mit kaltem Wasser innerhalb von drei Stunden (Mike Byron, 1988). Wenn Sie mit Vogelspinnen umgehen, und zwar speziell mit den sogenannten Bombardierspinnen, ist besondere Vorsicht geboten.

Die südamerikanische Rotfußvogelspinne *(Avicularia avicularia)* gehört zu den baumlebenden Arten. Auch ihre Haare können Hautreizungen wie zum Beispiel Nesselausschläge hervorrufen.

Häutung

Die Phase während einer Häutung ist wohl die traumatischste Zeit im Leben einer Vogelspinne. Offenbar wegen der häufigen Häutungen meistern die Jungspinnen die Häutungsphase besser als ihre Eltern. So häutet sich ein voll ausgewachsenes Weibchen gewöhnlich nur einmal im Jahr. Auch hier gibt es deutliche Ausnahmen, wie z. B. bei einer Brachypelma emilia, die sich bei mir erst nach über 2 Jahren gehäutet hat. Auch für andere Arten sind sehr lange Intervalle zwischen den Häutungen bekannt. Alle Spinnen müssen sich häuten, um wachsen zu können. Sehen Sie sich nur einmal verschiedene Spinnennetze an. Was dort in den Netzen hängt und auf den ersten Blick aussieht wie eine tote Spinne, stellt sich in 9 von 10 Fällen als die abgestoßene Haut des Netzbesitzers heraus.

Der gesamte Ablauf einer Häutung erstreckt sich bei Jungspinnen nur über einen Zeitraum von wenigen Minuten, bei adulten Tieren kann die Häutung bis zu 24 Stunden dauern. Die Mehrzahl aller Vogelspinnen beendet die Prozedur in einer durchschnittlichen Zeit von etwa 3 Stunden. Die Mehrzahl aller bodenbewohnenden Vogelspinnen häutet sich in Rückenlage, baumlebende Spinnen häuten sich für gewöhnlich in ihren Röhrennetzen. Wie auch immer, es ist nicht unbekannt, daß sich sogar manche Spinnen hoch erhoben auf allen acht Beinen häuten. Welche Methode auch gewählt wird, Ihre Spinne wird sicher die für sie günstigste wählen. Während der Häutung sollten Sie Ihre Spinne niemals stören oder gar berühren. Dies gilt auch für die ersten Tage nach der Häutung, wo das Tier durch die noch sehr weiche Haut äußerst anfällig für Verletzungen ist.

Wenn Sie bemerken, daß sich Ihre Spinne auf die Häutung vorbereitet, gehen Sie sicher, daß keine Futtertiere wie Grillen oder Heuschrecken im Terrarium sind. Während der Häutungsphase können die Insekten die Spinne

Vogelspinnen müssen sich regelmäßig häuten, um wachsen zu können. Direkt nach der Häutung ist die Spinne weich und verletzlich. Die abgestoßene Haut, im Bild rechts, ist von der Spinne auf den ersten Blick kaum zu unterscheiden.

schwer verletzen oder sogar umbringen. Bieten Sie Ihrer ausgewachsenen Spinne frühestens 4 oder 5 Tage nach der Häutung erstmals wieder Futter an. Spinnenbabys nehmen dagegen schon oft direkt nach der Häutung Nahrung auf.

Ein Anzeichen für die bevorstehende Häutung ist in erster Linie die Appetitlosigkeit der Spinne. Einige – meistens ausgewachsene Spinnen – fressen vor der Häutung oft wochen- sogar monatelang nichts mehr.

Bodenlebende oder grabende Spinnen legen für die Häutung einen feinen Seidenteppich über den Bodengrund und begeben sich dann in die Rückenlage. Sobald sich die Spinne von ihrer alten Haut (Exoskelett) befreit hat, wirft sie die Haut beiseite. Die Spinne bleibt oft noch für mehrere Stunden in der Rückenlage, bevor sie sich wieder auf die Füße stellt. Während dieser Phase besteht für die Spinne in freier Natur die größte Gefahr vor Räubern wie großen Vögeln oder Echsen. Nachdem sich das Tier aus der Rückenlage umgedreht hat, verweilt es noch bis zu 24 Stunden mit ausgestreckten Beinen flach auf dem Boden. Erst danach verhält sich die Spinne wieder normal und beginnt zu laufen.

Im Gegensatz zur weitverbreiteten Meinung sind die kahlen Stellen, die sich oft am Abdomen verschiedener Arten wie z. B. der mexikanischen Rotknie (Brachypelma smithi) oder der Kraushaar (Brachypelma albopilosa) aus Honduras zeigen, nicht zwangsläufig ein Zeichen für ein in die Jahre gekommenes oder sterbendes Tier. Für männliche Tiere mag dies in Einzelfällen zutreffen, doch ist es für gewöhnlich nur ein Zeichen für die nahende Häutung. Kurz vor der Häutung verfärbt sich die kahle Stelle des Abdomens in ein kräftiges Blauschwarz. Im Bereich der kahlen Stelle reißt die Haut des Abdomens ein und ermöglicht es der Spinne, aus ihrer alten Haut zu steigen.

Hat sich das Tier vollständig gehäutet, entsteht der Eindruck, Sie hätten zwei Spinnen im Terrarium. So perfekt ist die abgestreifte Haut der Spinne erhalten. Viele Leute präparieren und sammeln die

Die abgestoßene Haut (Exoskelett) der Vogelspinne ist ein originalgetreues Abbild ihrer äußeren Erscheinung.

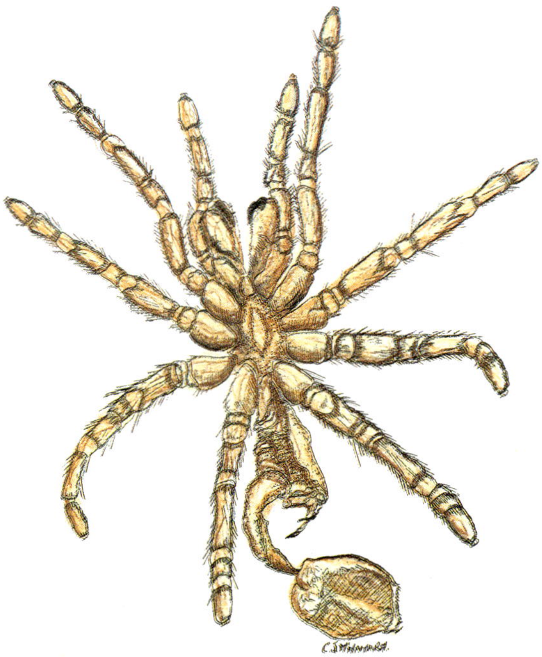

Eine frisch abgestoßene Spinnenhaut kann durch fachgerechtes Präparieren gut konserviert werden.

Häutungen. Dies ist nicht schwer, vorausgesetzt, die Haut ist noch feucht und beweglich. Sie benötigen einen geeigneten Behälter wie z. B. die handelsüblichen Grillendöschen. Bringen Sie die abgestreifte Haut in die gewünschte Form, füllen das Abdomen mit ein wenig Baumwolle oder Zellstoff aus und fixieren es mit einem

Vogelspinnen verfügen über ein erstaunliches Regenerationsvermögen und können ganze Gliedmaßen ersetzen.

Tropfen Holzleim. Der Carapax kann in der gleichen Weise befestigt werden, und wenn Sie wollen, können Sie die Fußspitzen zusätzlich am Boden der Plastikdose festleimen. So können Sie, speziell mit den Häutungen größerer und farbenfroher Spinnen, durchaus attraktive Präparate herstellen. Bedenken Sie bei der Herstellung, daß die Häute schnell austrocknen und dadurch ausgesprochen spröde und zerbrechlich werden. Im weiteren Verlauf dieses Buches werden Sie von einer anderen, weitaus wichtigeren Nutzungsmöglichkeit der Spinnenhaut lesen. Mein guter Freund und Kollege John Hancock hat die Häutungen genutzt, um Einzelheiten über das Fortpflanzungsverhalten der Vogelspinnen zu erhalten, die sich besonders für die Planung von Zuchtprogrammen in Gefangenschaft bewährt haben.

Hin und wieder kann es geschehen, daß Ihre Spinne Teile oder auch ganze Gliedmaßen verliert. Die Hauptursachen dafür sind Brüche. Die Spinne wirft die nicht mehr zu nutzenden Gliedmaßen einfach ab. Eine der ungewöhnlichsten Besonderheiten einer Spinne ist, daß sie die Möglichkeit hat, abgestoßene Gliedmaßen zu regenerieren. Dieses Phänomen vollzieht sich im Regelfall schon bei der nächsten Häutung. Das neue Bein ist nach der Häutung schon voll ausgeformt, doch ist es noch nicht so kräftig und farblich so intensiv gefärbt wie die übrigen Gliedmaßen. Sie werden aber feststellen, daß das regenerierte Bein nach jeder folgenden Häutung kräftiger wird und schließlich nicht mehr von den anderen Beinen zu unterscheiden ist. Ich habe eine halbwüchsige südamerikanische Rotfuß-Vogelspinne (Avicularia avicularia) mit nur 4 Beinen und einem Taster bekommen. Ich habe ihr keine großen Überlebenschancen zugesprochen, doch innerhalb von 3 Häutungen waren keine Spuren der schweren Verletzungen mehr zu erkennen. Spinnen sind zweifelsohne verblüffende Geschöpfe!

Im Terrarium zeigen Vogelspinnen das ganze Spektrum ihres interessanten Verhaltens.

Balz und Fortpflanzung

Die Fortpflanzungsfähigkeit der Vogelspinnen steht in einem engen Zusammenhang mit der Häutung. Bei den Männchen beginnt die Geschlechtsreife nach der letzten Häutung, der sogenannten Reifehäutung. Einige Wochen nach dieser Häutung werden die männlichen Vogelspinnen unruhig und beginnen mit den Vorbereitungen für die Fortpflanzung.

Zuerst müssen sie die beiden Bulbi an den Tasterenden mit Sperma füllen. Die Männchen bauen zu diesem Zweck ein Spermanetz. Dieses Netz besteht aus einem fest verwobenen Unternetz, auf dem ein parallel liegendes trapezförmiges Obernetz errichtet wird. Die beiden Netze weisen einen Abstand von wenigen Zentimetern auf. Das Männchen kriecht in einer Art Vorwärtsrolle zwischen die Netze und kommt auf diese Weise in die Rückenlage. So kann es einen Spermatropfen aus dem Genitalbereich an die Unterseite des oberen Netzes heften. Nachdem das Männchen aus dem Netz herausgekrochen ist, klettert es auf das Gespinst direkt oberhalb des Spermatropfens. Mit den Tastern greift das Männchen dann in das Netz hinein und saugt mit

Die Fortpflanzung erfolgt bei den Vogelspinnen nach einem aufwendigen Paarungsritual.

pumpenden Bewegungen der Bulbi den Samen auf. Nun ist das Männchen bereit für die Balz, den aufregendsten Teil seines Lebens.

Das Männchen begibt sich auf die Suche nach einem paarungswilligen Weibchen. Etwa aus einem halben Meter Entfernung kann das Männchen ein Weibchen erkennen. Nun beginnt die Balz damit, daß die Männchen innehalten und mit beiden Tastern auf den Boden trommeln. Ein artfremdes oder nicht paarungsbereites Weibchen wird möglicherweise versuchen, das Männchen zu erbeuten, so daß das richtige Einschätzen der Situation für das Männchen überlebenswichtig ist.

Verharrt das Weibchen hinge-

gen auf seinem Platz, so löst es beim Männchen um so heftigeres Trommeln aus. Mit arttypischem Bewegungsritual nähert sich das Männchen dem Weibchen. Ein weiterhin ruhig sitzendes Weibchen wird sodann an den Beinen und am Cephalotorax betrillert. Häufig werden jetzt auch die Weibchen aktiv und betrommeln das Männchen ebenfalls. Das Weibchen hebt dann seinen Oberkörper an, damit das Männchen seinen eigenen Körper darunter schieben kann.
Jetzt kann das Männchen seine Vorderbeine zwischen die Chelizeren des Weibchens schieben. Die Tibiaapophysen verankern sich in den Chelizeren und halten das Weibchen auf Distanz. Ist das Weibchen nun zur Paarung bereit, läßt es sich nach hinten sacken. Hierdurch bietet sich dem Männchen die Möglichkeit, seine Bulbi in die Receptacula seminis einzuführen und das Weibchen zu besamen.
Nach von Art zu Art unterschiedlicher Kopulationsdauer von 30 Sekunden bis 30 Minuten wachen die Weibchen aus ihrer Kopulationsstarre auf. Nun wird es für das Männchen Zeit, sich vom Weibchen zu trennen und in Sicherheit zu bringen.

Lebenserwartung

Vorausgesetzt, daß Sie Ihre Vogelspinne artgerecht versorgen, werden Sie viele Jahre Freude an Ihrem Pflegling haben. Die Weibchen weisen eine deutlich höhere Lebenserwartung auf als die Männchen, und wie einige Exemplare der Rotknie-Vogelspinne beweisen, kann bei weiblichen Tieren ein Alter von 30 Jahren erreicht werden. Die durchschnittliche Lebenserwartung einer weiblichen Vogelspinne liegt jedoch etwa zwischen 12 und 14 Jahren und ist damit vergleichbar mit der Lebenserwartung eines Hundes oder einer Katze.
Es ist wichtig, die Unterschiede zwischen einem voll ausgewachsenen Männchen und einem ausgewachsenen Weibchen zu erwähnen. Abhängig von der Art erreichen Vogelspinnen ihre Geschlechtsreife zwischen 18 Monaten und 5 Jahren. Sogar innerhalb einer Art können starke Schwankungen auftreten.
Viele Vogelspinnenpfleger führen kein Buch über die Häutungsintervalle ihrer Pfleglinge, und da die Tiere nicht immer vom Schlupf an im Besitz ihres Pflegers sind, ist eine exakte Altersbestimmung nur schwer möglich.
Noch vor relativ kurzer Zeit war es beinahe unmöglich, das Geschlecht einer neu erworbenen Vogelspinne klar zu bestimmen. Tatsächlich scheint es selbst einigen Vogelspinnen, wie z. B. der Phormictopus cancerides (siehe Artbeschreibung) schwerzufallen, das Geschlecht eines Artgenossen zu erkennen. Inzwischen ist der Wissensstand um die Vogelspinnen aber so gut geworden, daß sich auch die Geschlechtsbestimmung der Tiere wesentlich einfacher darstellt.
Die letzte Häutung im Leben eines Vogelspinnenmännchens führt zur Geschlechtsreife des Tieres. Die nun ausgewachsenen Männchen tragen beinahe ausnahmslos zwei kleine Haken oder Stacheln auf den Unterschenkeln der vorderen Laufbeine. Ihre Taster tragen Bulbi, die aussehen wie kleine Boxhandschuhe. Das Abdomen

der Männchen ist deutlich kleiner als das der Weibchen, und die Beine sind für gewöhnlich länger und hinterlasen einen etwas staksigen Eindruck. Hat ein Vogelspinnenmännchen einmal dieses Stadium erreicht, liegt seine Lebenserwartung nur noch bei etwa 9 bis 16 Monaten. Von nun an sind die Tage des Männchens gezählt, und die Hauptaufgabe besteht jetzt darin, sich mit so vielen Weibchen wie möglich zu paaren und damit für Nachwuchs zu sorgen.

Wenn wir über sterbende Vogelspinnen reden, ist das sicher ein trauriges Thema, so aber doch eine ganz natürliche Sache. Einige Aspekte können vielleicht hilfreich sein. Eine tote Vogelspinne finden Sie ausnahmslos in einer „verkrampften" Position, in der das Tier die Beine unter den Körper gezogen hat. Dies geschieht schon einige Tage vor dem eigentlichen Tod.

Das Gehirn ist das erste Organ, das seine Funktion einstellt. Das zentrale Nervensystem bleibt dagegen noch einige Tage länger am Leben, was durch einen Versuch schnell zu belegen ist: Berühren Sie leicht die Hinterbeine des Tieres, und Sie werden eine deutliche, wenn auch langsame Bewegung der Beine feststellen. Ist diese Bewegung nicht mehr festzustellen, können Sie davon ausgehen, daß Ihre Spinne tot ist. Es gibt keine Anzeichen dafür, daß das Tier in seinen letzten Tagen Schmerzen erleidet, und so sollten wir die Spinne eines natürlichen Todes sterben lassen. Nur für den Fall, daß Ihr Tier Qualen erleidet, ist der Gefrierschrank die beste Lösung.

Spinnen und ihre Netze

Jede Spinnenart hat ihren eigenen Stil der Netzkonstruktion. Das bedeutet, daß eine Spinnenart im allgemeinen schon durch die Art des Netzbaues bestimmt werden kann.

Dies gilt besonders für die echten Spinnen, wie z. B. die gewöhnliche englische Gartenspinne, aber auch für Vogelspinnen. Die meisten der aus der Neuen Welt stammenden und bodenlebenden Tiere legen überwiegend feine Seidenmatten aus, als daß sie kreisförmige Netze spinnen.

***Avicularia avicularia* beim Bau ihres Wohnröhrengespinstes.**

Wie dem auch sei, berühren Sie das Substrat vor der Wohnröhre einer bodenlebenden Vogelspinne, so werden Sie feststellen, daß die Spinne den Bodengrund durch feine Spinnfäden zu einem festen Verbund zusammengefügt hat. Voraussetzung hierfür ist, daß die Spinne die Röhre seit mindestens einer Woche bewohnt.

Bodenlebende Spinnen der Alten Welt kleiden ihre Wohnröhren im Innern ihrer Höhle rundum mit einem Seidengeflecht aus. Auch der Eingangsbereich wird entsprechend mit einem Seidenteppich ausgelegt.

Die baumlebenden Spinnen der Neuen Welt zeigen noch ausgereiftere Netzkonstruktionen. Die südamerikanische Rotfuß-Vogelspinne (Avicularia avicularia) baut ihre Wohnröhren so fest, daß es nahezu unmöglich ist, sie mit bloßen Händen zu zerreißen. Die Tiere leben nicht nur in der Höhle, sie häuten sich dort, fressen dort, und sie legen ihren Kokon im Innern der Wohnröhre. Ihre Hausarbeit besteht in erster Linie darin, verschiedene Baumaterialien, die die Spinne mit in die Röhre eingearbeitet hat, auszutauschen, oder, falls sie nicht weiter benötigt werden, auszusortieren. Wird das Netz im Laufe der Zeit zu schmutzig, zieht die Spinne ein Stück weiter und baut eine neue Röhre, oder sie zerstört ihre alte Wohnröhre und baut sie an derselben Stelle neu.

Die Spinnen der Gattung *Nephila* bauen mehrere m²-große Radnetze.

Die Trinidad-Vogelspinne (Psalmopoeus cambridgei) baut ihre Wohnröhre in der freien Natur in Bäumen. Im Terrarium legt sie ihre Röhren aber bevorzugt in tieferen Bereichen, teilweise sogar am Boden an.

Pterinochilus murinus, die nach den vorliegenden Informationen und Literaturangaben bodenlebend ist, sucht für ihre Netzkonstruktionen bevorzugt die obersten Ecken im Terrarium auf. In dem hängemattenartigen Netz hält sich das Tier versteckt und lauert auf Beute. Anscheinend liest die Spinne nicht die richtigen Bücher.

Alle Spinnennetze sind außerordentlich reißfest und langlebig. Die großen, aus Afrika und Indien stammenden Radnetzspinnen der Gattung Nephila können Netze mit einem Durchmesser von bis zu 9 Metern fertigen, in denen nicht selten die Überreste sogar relativ großer Vögel gefunden werden. Das besagt nicht, daß die Spinnen die Vögel gezielt fangen. Im Regelfall fliegen die Vögel in das Netz, verfangen sich in dem klebrigen Gespinst und verenden dort.

Während der römischen Invasion in England nutzten die Soldaten aus Cäsars Armee die Gespinste der Spinnen, um sie als Bandagen für Verletzungen einzusetzen. Sie erfüllten diesen Zweck sehr wohl, doch durch die zahlreichen Bakterien, die den Netzen angelagert sind, starben viele Soldaten im Nachhinein an Infektionen.

Auch für das Auge bildet ein kunstvoll gewebtes Spinnennetz einen interessanten Anblick. Ist das Netz an einer Stelle beschädigt, wird die Spinne den Schaden bei ihrer täglichen Kontrolle beheben. Es gibt kaum etwas Interessanteres, als eine Spinne beim Beutefang zu beobachten.

Auch unter den Vogelspinnen gibt es noch Arten, die ausgesprochen kunstvolle Netzkonstruktionen anlegen. Werfen wir einen Blick auf die Hapalopus incei. Sie gräbt weit verzweigte Gangsysteme in das Substrat und kleidet die Gänge, die zum Teil auch wieder an die Oberfläche führen, sorgsam mit ihrer „Spinnseide" aus. Haplopelma lividus und Haplopelma minax legen ähnliche Gangsysteme an. Sie kleiden die Röhren mit einer extrem dicken Seide aus, die unglaublich haltbar ist.

Die Königin unter den Vogelspinnen ist, bezogen auf den Netzbau, sicher Ornithoctonus andersoni. Die große, aus Burma stammende Vogelspinne baut innerhalb von 24 Stunden ein Gespinst, das das gesamte Terrarium auskleidet. Auch der Wasserteil wird beinahe völlig eingesponnen.

Das Besondere an der Netzkonstruktion ist eine kleine Öffnung oberhalb des Wasserteiles, die ein Nachfüllen des Wassers ermöglicht. Das Gespinst ist sehr dicht, und so lauert die Spinne, auf Beute wartend, am Eingang ihrer Höhle.

Verbreitung von Vogelspinnen

Vogelspinnen kommen in allen wärmeren Ländern der Erde vor. Ihr Verbreitungsschwerpunkt liegt in Afrika, Asien, Amerika, hier insbesondere in den tropischen Ländern von Mittel- und Südamerika. In Europa kommen lediglich einige Arten der Gattung Ischnocolus vor, und zwar in den wärmeren Ländern Italien (Ischnoculus triangulifer), Portugal (Ischnoculus holosericus, Ischnoculus valentinus) und Spanien (Ischnoculus andalusicus, Ischnoculus holosericus, Ischnoculus valentinus). Schließlich sind Vogelspinnen mit knapp 20 Arten auch in Australien und Neuguinea verbreitet. Eine Übersicht über die Verbreitung von Vogelspinnen, die in allen wärmeren Ländern der Erde vorkommen, liefert die folgende Karte.

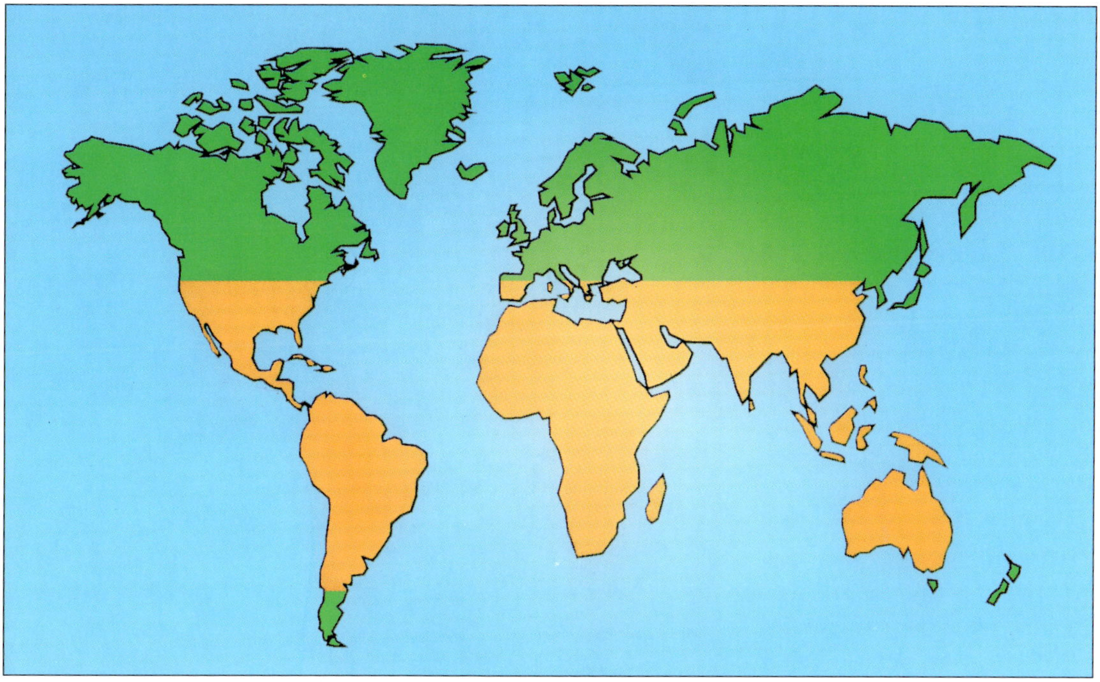

Die Karte verdeutlicht die weltweite Verbreitung von Vogelspinnen in allen wärmeren Ländern.

Grundlagen der Pflege

Das richtige Terrarium

Nun, wo Sie die Entscheidung getroffen haben, daß eine Vogelspinne in Ihr Leben eintritt, sollten Sie den Lebensraum für Ihre Spinne vorbereiten, ehe Sie das Tier kaufen. Viele Menschen sind der Auffassung, daß Vogelspinnen eine Menge Platz benötigen. Ein völlig falscher Eindruck. Grundsätzlich benötigen die Tiere den Kontakt der Wände ihrer Behausung in nächster Nähe. In der freien Natur graben viele Vogelspinnen eine Höhle, die der Körpergröße entspricht und nur dem Körperwachstum angepaßt wird. Ist die Vogelspinne weiblich, entfernt sie sich nur selten von ihrer Höhle, wo sie im Regelfall am Höhleneingang auf Beute lauert. Auch die Männchen benötigen nicht viel Platz. Dementsprechend können Sie Ihre Spinne in einem kleinen Aquarium entweder aus Glas oder Plastik unterbringen, das eine Größe von etwa 30 x 30 x 20 (Breite/Höhe/Tiefe in cm) hat. Geben Sie etwas geeignetes Bodensubstrat in den Behälter, und die Spinne wird diese Behausung gerne annehmen. Seien Sie sich absolut sicher, daß die Abdeckung, die zu Belüftungszwecken aus einem Drahtgazerahmen bestehen sollte, ordentlich fixiert ist und nicht durch die Spinne angehoben werden kann. Diese Kreaturen sind Meister im Entkommen, so daß eine leichte Abdeckung nicht optimal ist, solange sie nicht durch Gewichte o. ä. abgesichert werden kann und das Entkommen der Tiere verhindert. Für **baumlebende** Vogelspinnen der Gattungen Avicularia, Poecilotheria und Stromathopelma verwenden wir Terrarien im Hochformat. Eine Höhe von 40 bis 60 cm ist für größere Arten zu empfehlen. In Terrarien dieser Höhe lassen sich kleinere Pflanzen und Äste unterbringen, die von den Spinnen als Klettermöglichkeit und Lebensraum genutzt werden.

Vogelspinnen sind nicht im geringsten gesellig. Daher müssen die Tiere einzeln gehalten werden. Werden zwei Spinnen vergesellschaftet, werden sie bestenfalls kämpfen. Im schlimmsten Fall werden sie sich gegenseitig töten. Daher ist es bestimmt nicht grausam, die Tiere einzeln zu halten. Sie können natürlich ein größeres Terrarium in kleinere Parzellen aufteilen, doch muß sichergestellt sein, daß es absolut keine Chance für die Insassen gibt, die Trennwände zu überwinden und damit in die Territorien der anderen Tiere einzudringen. Eine gute Möglichkeit, Trennwände einzubauen, ist das Einkleben von U-Profilen, in die eine entsprechend zugeschnittene Glasscheibe eingeführt wird.

Wo immer Sie Ihr Terrarium aufstellen, im Wohnraum oder im Tierzimmer, seien Sie sich ganz sicher, daß kein Sonnenlicht den Behälter treffen kann, speziell das der

Vollglasbecken sind als Terrarien für Vogelspinnen geeignet, wenn sie über eine ausreichende Belüftung im Behälterdeckel verfügen. Eine gut schließende Abdeckung ist erforderlich, damit die Spinnen nicht ausbrechen können.

Morgensonne. Vogelspinnen haben acht Augen (vier für das Tageslicht, vier für das Nachtsehen), doch sind sie nur sehr schwach in ihrer Sehschärfenqualität. Helles Licht bedeutet eine starke Reizung für die Tiere. Die ultravioletten Strahlen sind ähnlich gefährlich und können zur Austrocknung führen. Eine Vogelspinne wird

sich immer vergraben oder sich in einer Ecke verstecken, um der direkten Lichteinstrahlung zu entgehen.
Wenn das Terrarium bepflanzt werden soll und aus diesem Grund eine Beleuchtung erforderlich ist, so sollte diese möglichst schwach gewählt werden. Der Spinne müssen dann ausreichend abgeschattete Versteckplätze zur Verfügung stehen.

Zwei einfach dekorierte Terrarien für baumlebende Vogelspinnen. Korkeichenstücke und Kunststoffpflanzen bieten Versteckplätze und ermöglichen eine zweckmäßige Einrichtung.

Bodengrund

Das Fehlen richtiger Informationen um die Wahl des besten Bodengrundes ist oft Ursache für den frühen Tod der Tiere. Das ideale Substrat ist das Vermiculit. Es ist in Gärtnereien erhältlich und wird genutzt, um Sämlinge aufzuziehen. Torf und Blumenerde können alternativ genutzt werden, doch ist das Vermiculit die bessere Wahl. Eine Mischung aus Vermiculit und Torf wird hin und wieder, besonders für die großen Vogelspinnen, wie z.B. Theraphosa leblondi, die Goliath Vogelspinne, genutzt. Nehmen Sie auf keinen Fall Sand, Kies, Steine oder auch vulkanisches Gestein. Diese für die Tiere sehr gefährlichen Einrichtungsgegenstände haben in einem Vogelspinnenterrarium nichts zu suchen.
Wenn Sie das Substrat in das Terrarium geben, achten Sie darauf, daß es feucht genug ist. Wenn Sie das Vermiculit im Gartencenter kaufen, ist es völlig trocken, und Sie müssen es zunächst anfeuchten. Schneiden Sie dazu den Beutel oben auf und lassen langsam lauwarmes Wasser in die Tüte fließen. Kleine Löcher im Beutel sorgen dafür, daß überschüssige Feuchtigkeit schnell entweichen kann. Das Substrat sollte ziemlich feucht sein, aber nicht tropfend naß. Die weitere Dekoration des Terrariums kann eine nervenaufreibende Aufgabe sein, da die Insassen sie garantiert ändern oder gar völlig zerstören werden. So werden Ihre Vorstellungen und Bemühungen um eine schöne Terrarieneinrichtung über Nacht zunichte gemacht. Für halbwüchsige und ausgewachsene Vogelspinnen schlage ich eine Substrattiefe von 5 bis 15 cm vor. Wenn Sie einen neuen Plastikblumentopf halbieren, können Sie dadurch einen idealen Unterschlupf für Ihre Spinne herstellen. Mit Sub-

strat kann der Blumentopf kaschiert werden. In aller Regel nimmt die Spinne die künstliche Wohnhöhle an. Spaghnum-Moos hilft, die Feuchtigkeit hoch zu halten. Außerdem habe ich beobachtet, daß Spinnen gerne in dem Moos liegen. In manchen Fällen dient es sogar als Tarnung, beobachtet habe ich das bei Brachypelma emilia.
Eine Wasserschale ist das einzige, was noch fehlt. Frisches Wasser sollten Sie Ihrer Spinne täglich geben.
Wenn Sie lebende Pflanzen in das Terrarium geben wollen, wählen Sie niemals Kakteen. Bei unsanften Berührungen mit dem Kaktus oder bei Stürzen kann sich Ihre Spinne schwer, sogar auch tödlich verletzen. Ideal sind für das Spinnenterrarium viele der angebotenen Plastikpflanzen. Wie auch immer, Pflanzen sind im Spinnenterrarium nicht unbedingt erforderlich, sie werden auch häufig durch die Spinne ausgegraben.
Die oben beschriebenen Einrichtungsempfehlungen treffen auf alle **bodenlebenden** Arten zu.
Für alle **baumlebenden** Arten sollte das Terrarium höher als lang sein. Diese Becken sollten etwa 30 cm hoch und 15 cm breit sein. Als Substrat finden Blumenerde, Torf und Vermiculit Verwendung bei einer Substrathöhe von ca. 6 cm. Zweige, Wurzeln oder ein Stück Korkrinde, die im Becken schräg nach oben gestellt werden, dienen der Spinne als Haltepunkte für ihre mit großer Sorgfalt und Geschicklichkeit gewebten Wohnröhren.
Viele baumlebende Spinnen spinnen röhrenförmige Netze, die extrem dick sind und in welchen die Tiere leben, sich häuten, fressen und ihre Kokons ablegen. Die Netze dienen den Jungspinnen als eine Art Kinderstube, bis sie sich verteilen.
Wasserschalen sind nicht unbedingt erforderlich, obgleich die Tiere natürlich auch trinken müssen. Die beste Methode, ihnen Wasser zu geben, ist das Besprühen des gesamten Terrariums einmal täglich, so daß die Vogelspinnen ihren Flüssigkeitsbedarf auf diese natürliche Art decken können.

Heizung

Die Beheizung war lange Zeit das Thema großer Diskussionen und Meinungsverschiedenheiten unter den Arachnologen. Heizkissen unter dem Terrarium sind eine Methode, Glühlampen eine andere. Einige Vogelspinnenpfleger benutzen hängende Keramikheizstrahler oder am Boden stehende beheizbare Steine. Andere wiederum nehmen Heizkabel. Für mich ist die beste Alternative, die Heizung im eigenen Haus zu nutzen. Meine Sammlung habe ich in Regalen untergebracht, die durch einen Vorhang abgeschattet sind, so daß die Tiere dadurch die von ihnen bevorzugten Lichtverhältnisse bekommen. Es hat sich gezeigt, daß sich ausgewachsene und halbwüchsige Vogelspinnen bei Temperaturen zwischen 23 und 26 °C wohlfühlen. Das ist auch die Temperatur, auf die unser Tierzimmer konstant beheizt ist.
Trotzdem möchte ich die verschiedenen Heizmöglichkeiten noch besprechen:

1. Heizmatten

Sie sind sehr effizient, man bekommt sie mit einer Lei-

Der Zoofachhandel führt ein breitgefächertes Sortiment an Zubehörartikeln und bietet fachliche Beratung.

stung von 10 bis 15 Watt. Die Heizmatte wird unter das Terrarium gelegt und durch einen Thermostaten geregelt. Mit dem Thermostat kann der Innenraum des Terrariums auf einer gleichbleibenden Temperatur gehalten werden. Die Heizmatten sind geeignet für **baumlebende** Vogelspinnen. Für bodenlebende Arten, im speziellen die, die Höhlen graben, ist die Heizmethode weniger geeignet. Wie wir alle wissen, steigt warme Luft auf, und dementsprechend verhält sich auch eine grabende Spinne. Ist es ihr zu warm, versucht sie, kühlere Temperaturen im tieferen Erdreich zu finden. Im Terrarium bedeutet das in aller Regel einen Höhlenbau bis auf die Bodenplatte. Wird das Becken nur durch eine Heizmatte beheizt, erreicht die Spinne nicht die erhoffte kühlere Zone, ganz im Gegenteil, es wird deutlich wärmer. Aus diesem Grunde sind Heizmatten nur für baumlebende Spinnen zu empfehlen, die oben im Terrarium in ihrem Netz leben.

2. Glühbirnen

Sind Glühbirnen im Innern des Terrariums plaziert, so stellen sie eine unnötige Gefahr für alle baumlebenden Spinnen dar. Diese nutzen die Glühlampen sicher als Haltepunkt für ihre Netzkonstruktion. Auch bodenlebende Spinnen klettern gelegentlich, und so muß die Glühlampe so angebracht sein, daß die Spinne keine Möglichkeit hat, die Wärmequelle zu berühren.

Einer meiner Freunde, Dennis Toulson, hat dieses Problem erfolgreich gelöst, indem er die Glühlampe in die Abdeckung eingepaßt und eine Glasscheibe in Form einer „falschen Decke" unter der

Lichtquelle fixiert hat. Auf diese Weise besteht für die Spinnen keine Gefahr mehr.
Wie bereits erwähnt, ist diese Methode sehr erfolgreich. Dennis pflegt seine Tiere in 60-cm-Becken, die er durch eine Trennscheibe in zwei Parzellen aufgeteilt hat, um dadurch die Gegebenheiten möglichst ökonomisch zu nutzen.
Eine Methode, die weit verbreitet ist, besteht aus einer kleinen Tischlampe mit beweglichem Lampenkopf, die neben dem Terrarium steht. Das Licht und damit natürlich auch die Wärmeabgabe werden durch den Lampenreflektor auf das Terrarium abgestrahlt. Auch hier ist Vorsicht vor zu hohen Temperaturen geboten. Falls erforderlich, kann auch diese Beheizung an einen Thermostaten angeschlossen werden. Auf jeden Fall muß die Glühlampe entweder rot oder blau sein, da helles Licht die Spinnenaugen stark reizt. Glühlampen können einen stark austrocknenden Effekt haben, der zu extremer Trokkenheit führen kann, speziell, wenn die Glühbirne im Terrarium angebracht und das Becken ohne die beschriebene Glasplatte ausgerüstet ist. Wichtig ist daher die regelmäßige Kontrolle der Feuchtigkeitswerte.

Bei baumlebenden Arten wie *Avicularia avicularia* ist besonders darauf zu achten, daß sie sich nicht an Licht- oder Wärmestrahlern verletzen.

3. Hängende Keramikheizer
Diese sind relativ teuer, und ich muß noch einmal sagen, daß sie ungeeignet für ein Terrarium mit baumlebenden Spinnen sind. Da auch bodenlebende Tiere gelegentlich klettern, ist die Gefahr schwerer Verletzungen durch die Heizbirne auch hier zu groß, und daher sollte auf diese Heizquelle ganz verzichtet werden.

4. „Heiße Steine"
Ich habe keine persönlichen Erfahrungen mit diesen Terrarienheizern, doch würde ich mich wundern, wenn sie aufgrund ihrer geringen Wärmeentwicklung eine Gefahr für die Spinne darstellen sollten.

5. Heizkabel
Dies ist eine gute Methode, die besonders häufig genutzt wird, wenn mehrere Terrarien zu beheizen sind. Die Heizkabel sind in Form einer großen Öse gefertigt und können z. B. über eine Länge von gut 1,50 m in Schlangenlinien in einem Kiesbett oder auch in Vermiculit ausgelegt werden. So reicht ein Heizkabel aus, um 5 oder 6 Terrarien zu beheizen, die einfach auf das vorgefertige „Fundament" gestellt werden.
Das Kabel wird über einen Thermostaten gesteuert und kann auf eine gewünschte Temperatur eingestellt werden. Diese Heizmethode ist für alle Vogelspinnenarten

einsetzbar, solange die verlegten Kabel auch kühlere Bereiche im Bodengrund bieten. Natürlich ist diese Methode unnötig für jemanden, der nur eine Spinne pflegt.

6. Die Zimmerbeheizung
Für diejenigen mit größeren Sammlungen ist diese Methode die weitaus günstigste. Wie schon erwähnt, fühlen sich die meisten halbwüchsigen und ausgewachsenen Vogelspinnen bei 23 bis 26 °C am wohlsten. Vorausgesetzt, daß Ihre Wohnung ein zentrales Heizsystem hat, ist diese Beheizung sicher am besten und auch am kostengünstigsten einzusetzen. Anderenfalls können z. B. Heizlüfter oder ölbetriebene Heizkörper Verwendung finden. All diese Heizgeräte können über Thermostate gesteuert werden und sind damit günstig zu betreiben.

Feuchtigkeit

Feuchtigkeit ist ein lebenswichtiger Aspekt für das Wohlbefinden Ihrer Vogelspinne. Die nötige Feuchtigkeit ist in einem Terrarium der beschriebenen Größenordnung einfach zu erreichen. Als erstes muß gesichert sein, daß das Substrat gründlich angefeuchtet ist, wenn Sie es in das Terrarium geben. Als zusätzliche Feuchtigkeitsquelle dient die angebotene Wasserschale. Die Verdunstung sorgt außerdem für das Erreichen der erforderlichen Luftfeuchtigkeitswerte (prozentuale Feuchtigkeitsangaben finden sich bei den jeweiligen Artbeschreibungen). Zusätzlich ist das Besprühen des Terrariums mit Frischwasser in regelmäßigen Abständen günstig. Kondensation an den Seitenwänden ist möglichst zu vermeiden. Zu Beobachtungszwecken sollten die Scheiben sauber sein. Hierfür bieten sich die im Zoofachhandel erhältlichen magnetischen Aquarienreiniger bestens an. Ich halte es nicht für günstig, die Magnetreiniger im Terrarium zu belassen. Die Spinne kann sie u. U. von der Scheibe ablösen und sich dabei ernsthaft ver-

In bepflanzten Terrarien steigt die Luftfeuchtigkeit.

letzen.
An mehreren Stellen habe ich bereits das Thema „Austrocknung" angesprochen. Auch hier ist zu sagen, daß viele Vogelspinnenarten deutlich unterschiedliche Anforderungen stellen. So zählen besonders die südamerikanischen Avicularia-Arten, zu denen auch die Rotfuß-Vogelspinne Avicularia avicularia gehört, zu den Spinnen, die eine besonders hohe Luftfeuchtigkeit benötigen. Austrocknung der Tiere, was letztlich das Austrocknen des „inneren" Abdomens bedeutet, ist die Haupttodesursache dieser Spinne. Ein einfaches Beispiel, die Austrockung zu beschreiben, ist der Vergleich mit einem Naturschwamm. Wird ein Seeschwamm an Land gebracht und trocknet dort, so wird er langsam zerbröseln. Der Versuch, ihm seine Feuchtigkeit wiederzugeben, ist eine unlösbare Aufgabe. Dies ist genau das, was mit einer Vogelspinne bei zuwenig Feuchtigkeit geschieht.
Das hört sich ziemlich abstoßend an, doch unterstreicht es, wie wichtig es ist, die Aufmerksamkeit bei der Vogelspinnenpflege auch auf Details zu lenken.

Fütterung

Das ist eine wirklich einfache Aufgabe, da Vogelspinnen nur lebendes Futter nehmen. Wie viele andere Vogelspinnenliebhaber auch, füttere ich meine Spinnen beinahe ausschließlich mit Heimchen. Tatsächlich ist es so, daß einige meiner Spinnen nichts anderes fressen. Wie auch immer, Abwechslung ist die Würze des Lebens, und Alternativen können z. B. Grillen, Heuschrecken, Mehlwürmer, Schaben, große Motten und sogar nestjunge Mäuse oder frisch geschlüpfte Küken für größere Arten sein. Die meisten der genannten Futtertiere sind im Regelfall im Zoofachhandel zu bekommen, speziell in den Geschäften, die sich auch mit Amphibien und Reptilien befassen. Wenn Sie nur eine Spinne besitzen, ist es sicher die beste Lösung, das Futter nur bei Bedarf zu kaufen. Pflegen Sie jedoch eine größere Anzahl von Vogelspinnen, so ist es aus zweierlei Gesichtspunkten am besten, die Futtertiere selber zu züchten. Zum einen ist die

Die Ernährung von Vogelspinnen bereitet in der Regel keine Probleme, da sie Insekten jeglicher Art annehmen.

Futterpalette nicht immer erhältlich, und zum anderen ist es auch aus Kostengründen günstiger, Futtertierzuchten anzulegen.
Fast alle ausgewachsenen Vogelspinnen benötigen nur einmal pro Woche Futter. Im Regelfall nehmen die Tiere dann bis zu 3 Heimchen. Werden die Futtertiere ignoriert, entfernen wir das Futter aus dem Terrarium und versuchen es am nächsten Tag erneut. Hat die Spinne dagegen noch mehr Hunger, geben wir ihr zusätzlich ein oder zwei Insekten. Der Appetit einer Vogelspinne ist nur sehr schwer einzuschätzen. Die Futteraufnahme ist abhängig vom allgemeinen Gesundheitszustand des Tieres, davon, ob es Eier trägt oder ob die nächste Häutung kurz bevorsteht. Wie auch immer, Vogelspinnen können ein Jahr und mehr ohne Futter überleben! Geraten Sie also nicht in Aufruhr, wenn Ihre Spinne für einige Wochen oder sogar Monate das Futter verweigert.
Achten Sie aber bitte darauf, nicht angenommene Futtertiere aus dem Terrarium zu entfernen. Diese könnten die Spinne während der Häutung durchaus gefährden.

Ausgewachsene Vogelspinnen benötigen nur einmal in der Woche Futter.

Heuschrecken und Käfer gehören zu den gern angenommenen Futtertieren.

Vogelspinnen benötigen lebendes Futter.
Hier hat die Kraushaarvogelspinne *(Brachypelma albopilosa)* ein Heimchen erbeutet.

Vogelspinnen zum Anfassen?

Wenn Sie Ihre Vogelspinne anfassen müssen, so tun Sie das mit größter Vorsicht. Haben Sie immer vor Augen, daß Ihre Spinne ein „wildes Tier" ist. Es ist empfindlich und kann leicht durch falsches Hantieren schwer oder sogar tödlich verletzt werden. In der Freiheit kennt die Spinne diese Situation nicht. Das Abdomen der Vogelspin-

Vogelspinnen sind in aller Regel keine Streicheltiere. Im Umgang mit ihnen ist immer zu beachten, daß auch „zahme" Tiere zubeißen können und daß die Brennhaare zu unangenehmen Hautreizungen führen können.

ne ist sehr weich und verletzbar. Es kann platzen wie eine mit Gelee gefüllte Papiertüte, die aus nur wenigen Zentimetern Höhe zu Boden fällt. Die auf diese Art entstandenen Verletzungen sind in aller Regel nicht zu kurieren.

Greifen Sie Ihre Spinne niemals von oben. Diese Methode wird zwar häufig von Wissenschaftlern benutzt, doch müssen Sie sich absolut sicher sein, was Sie da tun. Es geschieht so leicht, daß Sie Ihrer Spinne dabei schwere innere Verletzungen zufügen. Ich denke dabei an einen Jungen aus meinem Bekanntenkreis, der durch diese Art des Ergreifens seiner Vogelspinnen in kurzer Zeit zwei Tiere verlor. Ich will nicht sagen, daß Sie Ihre Spinne grundsätzlich nicht anfassen dürfen, das wäre sicher ein zu extremer Standpunkt, doch fügen Sie Ihren Tieren so wenig Streß wie möglich zu. Streß entsteht garantiert bei jeder Berührung Ihrer Spinne sowie auch nur beim Hantieren im Terrarium. Grundsätzlich sollte das Anfassen der Spinne nicht der persönlichen Erbauung des Pflegers dienen. Außerdem ist der Umgang mit diesen Tieren nicht ganz ungefährlich und sollte auch deswegen möglichst vermieden werden.

Ich habe drei Spinnen, die

Wenn Sie Ihre Vogelspinne auf der Hand hochnehmen, achten Sie darauf, daß die Spinne nicht tief herunterfallen kann. Hierbei könnte sie sich tödliche Verletzungen zuziehen.

sich im Regelfall sehr friedlich verhalten und damit auch leicht zu handhaben sind: 1. „Cleo" (Brachypelma smithi), 2. „Jemima" (Pterinopelma saltador), 3. „Albert" (Brachypelma albopilosa). Wenn ich eine Vogelspinne auf die Hand nehme, komme ich von hinten auf das Tier zu und stubse das ruhig sitzende Tier leicht mit einem Finger an. Die Spinne beginnt zu laufen und zwar genau auf meine flache Hand, die ich vor das Tier halte. Die Spinne nutzt meine Handfläche als Bodengrund, und ich kann sie so relativ streßfrei aufnehmen und sie, zu welchem Zweck auch immer, aus dem Terrarium holen. Doch auch bei diesen recht friedfertigen Tieren ist immer Wachsamkeit geboten. Es sind und bleiben wilde und unberechenbare Tiere, die nicht davor zurückschrecken, ihre Instinkte für die Jagd und Verteidigung auch dem Menschen gegenüber einzusetzen. Bevor ich sie in die Hand nehme, muß ich sicher sein, daß die Spinne nicht gerade auf der Jagd und auch nicht hungrig ist. Die meisten Vogelspinnen betrachten die menschliche Hand als Gefahr und greifen sie, sobald sie sich bedroht fühlen, ohne großes Zögern an. Die beste Methode, große und aggressive Vogelspinnen umzusetzen, hat einer meiner Freunde, Vince Hull-Williams, ins Leben gerufen. Nehmen Sie eine leere 2-l-Plastikflasche und schneiden sie durch einen Querschnitt in zwei Hälften, wobei der Bodenteil für unsere Zwecke nutzlos wird. Bringen Sie die Hälfte mit der Flaschenöffnung über die Spinne, die nun im Flascheninnern nach oben klettert. Nehmen Sie ein Stück Pappe und schließen Sie damit die Flaschenunterseite. So können Sie die Spinne gefahrlos in ihr neues Terrarium umsetzen. Ist einmal eine Spinne entwichen, so können Sie sie auf die gleiche Weise wieder einfangen. Sollte das Tier auf dem Untergrund sitzen bleiben, so schieben Sie einfach die Pappe vorsichtig zwischen die Spinne und den Untergrund.

Spinnen sind wahre Befreiungskünstler. Finden sie eine Öffnung, wo sie beide Vorderfüße und die Taster hindurchstecken können, so ist es nur eine Frage der Zeit, bis sie auch den Rest ihres Körpers durch die Öffnung gezwängt haben. Überprüfen Sie daher das Terrarium genau auf mögliche Fluchtwege!

Sollte doch einmal eine Spinne entkommen sein, so geraten Sie nicht gleich in Panik. Alle Vogelspinnen haben ihre Eigenarten. So ziehen sich bodenlebende Arten nahezu immer in dunkle Ecken zu-

rück: Schränke, Schuhe, überall dorthin, wo es dunkel und warm ist.
Baumlebende Spinnen zieht es sofort in die Höhe, wie in die Ecken der Zimmerdecke oder auf Schränke. Erinnern Sie sich auch an geringe Platzbedürfnisse der Spinnen. Viele Tiere lieben den direkten Kontakt zu den umgebenden Wänden, so daß z. B. Spalten hinter Fußleisten oder ähnlichem oft ideale Versteckplätze für die Tiere sind. Trotzdem sollten Sie sich nicht unnötig aufregen. In den meisten Fällen taucht das Tier wieder auf. Ich habe davon gehört, daß eine Spinne, nachdem sie exakt ein Jahr verschollen war, wohlbehalten wiedergefunden wurde. Die Lektion hat ihr gereicht, und seitdem ist sie nie wieder aus ihrem Terrarium ausgebrochen.

Krankheiten, Verletzungen und Feinde

Im Regelfall benötigen Vogelspinnen keinen Tierarzt. Sicherlich sind viele Angehörige dieser Berufsgruppe froh darüber, das zu hören. Ich weiß es von meinem Tierarzt, er ist heilfroh darüber, daß er die Vogelspinnen nicht zu behandeln hat.
Die vorrangigen medizinischen Probleme, mit denen Vogelspinnen konfrontiert werden können, sind Stürze, Häutungsschwierigkeiten und Parasiten. Soweit ich informiert bin, gibt es bei Vogelspinnen keine Krankheiten, die auf den Menschen oder andere Haustiere übertragbar sind. Trotzdem ist es natürlich gut zu wissen, was bei den oben genannten Problemen zu tun ist. Einige können behandelt und kuriert werden, andere sind nicht zu beheben.

Stürze:

Unabhängig davon, ob Ihre Spinne baumlebend oder bodenlebend ist, alle Vogelspinnen werden immer wieder auch die Seitenwände des Terrariums erklettern. Stürze sind dadurch leider nicht auszuschließen. Ist das Terrarium nicht höher als 30 cm, so verlaufen die Stürze im Regelfall harmlos. Stürzt das Tier jedoch auf ein Stück Rinde, auf Steine oder harte Pflanzenteile, so können ernsthafte Verletzungen auftreten. Aus diesen Gründen wählen Sie niemals größere Steine, Kies oder gar Kakteen als Terrariendekoration. Rindenstücke sollten nicht direkt in den Ecken des Behälters plaziert werden. Eine in die Hand genommene Spinne und Tiere, die in sehr großen Terrarien leben, sind in besonderem Maße gefährlichen Stürzen ausgesetzt. Verstauchungen sind die am wenigsten problematischen Folgen. Leider treten auch Brüche auf, die an den Bruchstellen bluten können. Das Blut einer Vogelspinne ist eine farblose Flüssigkeit, die aber gut sichtbar aus der Bruchstelle tropft. Die Blutung muß gestoppt werden, und da gibt es eine sehr einfache, aber wirkungsvolle Methode. Nehmen Sie ein unparfümiertes Puder oder Puderzucker, und stäuben Sie damit die verwundete Stelle ein, um den Blutfluß zu stoppen. Sie können auch Vaseline benutzen, doch ist sie schwieriger aufzutragen. Unabhängig davon, welche Methode Sie anwenden: Erfolgt die Behandlung des Tieres so schnell wie möglich nach Erkennen der Verletzung, ist im Regelfall mit keinen weiteren Schwierigkeiten zu rechnen. Benutzen Sie bitte nicht zuviel von dem Puder. Zwar wird das Tier dadurch nicht geschädigt, doch wirkt es etwas unbeholfen und beeinträchtigt die eigentliche Schönheit der

Schwere Verletzungen des Abdomens sind nicht heilbar.

Vogelspinne. Die Puderschicht kann nach dem Abheilen der Wunde vorsichtig mit einem kleinen Wattetupfer entfernt werden.

Ist die Verletzung der Gliedmaßen schwerer, so wird die Spinne das Bein abwerfen, damit es sich bei den folgenden Häutungen regenerieren kann. Häufig wird das abgestoßene Bein von der Spinne verzehrt.

Ein verletztes Abdomen ist weitaus gefährlicher für die Spinne als jede Verletzung an den Gliedmaßen. Vielfach bemerkt der Pfleger den Schaden gar nicht, und so kann es passieren, daß die Spinne buchstäblich verblutet. Ist eine Verletzung erkannt worden, und handelt es sich dabei nur um einen kleinen Schnitt, so können Sie das Tier wie oben beschrieben behandeln. Ist die Wunde sehr groß, so besteht leider keine Hoffnung, das Tier am Leben zu halten. Die beste Entscheidung ist in diesem Fall, die Spinne von ihren Qualen zu erlösen und sie in den Gefrierschrank zu geben.

Häutungsschwierigkeiten: In der Natur ist die Vogelspinne während ihrer Häutungsphase besonders gefährdet. Für alle Feinde der Vogelspinne, wie z.B. große Vögel, Echsen und andere, ist die Spinne während ihrer Häutung eine besonders leichte Beute. In Gefangenschaft ist der Ablauf der Häutung zwar nicht anders als in der freien Natur, doch ist die Spinne im allgemeinen sicher untergebracht. Daher sind Todesfälle während oder kurz nach der Häutung recht selten. Ursachen für tödlich verlaufende Häutungen sind:

1. Das Alter der Spinne. Ein in die Jahre gekommenes Tier kann oft schlicht und ergreifend nicht mehr die Kraft für die anstrengende Häutung aufbringen.
2. Zu geringe Feuchtigkeit. Halten Sie das Terrarium durch kurzes Übersprühen immer ausreichend feucht. Besonders wichtig ist hier der Zeitraum, während sich die Spinne auf die Häutung vorbereitet.
3. Blutungen. Sie sind im Regelfall nicht zu erkennen, doch selbst, wenn Blutun-

gen festgestellt werden, besteht kaum Aussicht auf eine erfolgreiche Behandlung.

4. Der Zeitraum zwischen den Häutungen. Liegen die Häutungsintervalle zu dicht beieinander, so kann es passieren, daß das Endoskeleton noch nicht genügend gewachsen ist, um die nächste Häutung erfolgreich zu überstehen.
5. Fehlendes Wissen des Pflegers. Stellen Sie sich vor, ein unerfahrener Spinnenpfleger findet seine Spinne im Terrarium in der Rückenlage vor. Als erstes wird er versuchen, die Spinne wieder in die richtige Lage zu bringen. Für die Spinne kann das ein tödliches Ende bedeuten.

Parasiten

Eine von Parasiten befallene Spinne stellt immer einen traurigen Anblick dar. Traurig ist auch, daß bislang nichts für eine derart infizierte Spinne getan werden kann. Besonders häufig wird die Spinne von verschiedenen Wespenarten heimgesucht. Die Wespen legen ihre Eier unter die Haut des Abdomens, wo sie oft lange Zeit unerkannt bleiben. Während dieser Phase sieht die Wirtsspinne oft noch völlig normal aus und zeigt auch keine un-

***Grammostola pulchripes* hat die Häutung erfolgreich beendet.**

Einige Schlupfwespen haben sich darauf spezialisiert, Vogelspinnen als Nahrung für die Larvenaufzucht zu erbeuten.

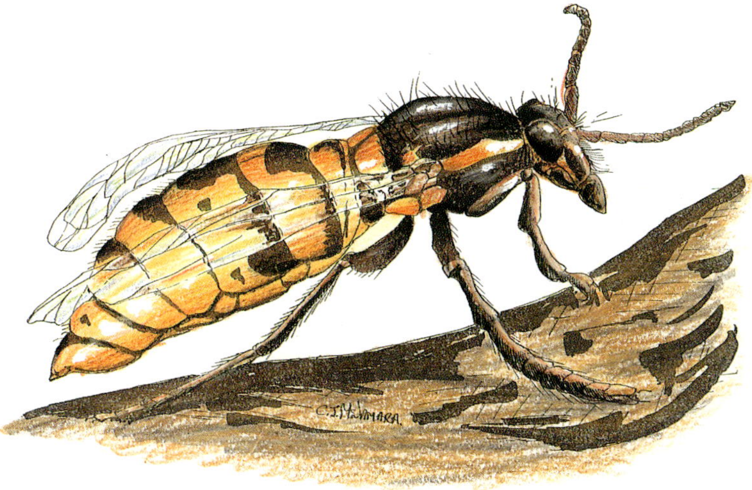

Nachzuchten wie diese Rotfußvogelspinne enthalten keine parasitierenden Schlupfwespenlarven.

gewöhnlichen Verhaltensmuster. Erst nach dem Schlupf der Wespenlarven ist ein Parasitenbefall zu erkennen.

In der Natur sucht die Wespe einen geeigneten Wirt für ihren Nachwuchs. Die großen Wegwespen der Gattung Pepsis haben sich auf Vogelspinnen spezialisiert, die sie, bevor es zur Eiablage kommt, durch einen Stich betäuben. Erst dann begibt sich die Wespe an ihre tödliche Arbeit.

Die Spinne erholt sich bald von der Betäubung, und die Wespenlarven können sich gut versorgt entwickeln. Sofort nach dem Schlupf der Larven beginnen sie wortwörtlich damit, die Spinne von innen her aufzufressen. Abgesehen von einer leichten äußerlichen Veränderung des Abdomens ist bei Parasitenbefall eine Tendenz der Spinne zum Kratzen zu bemerken. Die Tiere sind unruhig und machen auf ihren Pfleger einen unglücklichen Eindruck. Sobald die Wespenlarven fertig entwickelt sind, fressen sie sich durch das Abdomen ins Freie. Es gibt keine Behandlungsmöglichkeit, und die Spinne wird unweigerlich sterben.

Bis zu dem Zeitpunkt, da aus den Wespeneiern die Larven schlüpfen, besteht für den Pfleger keine Möglichkeit, den Parasitenbefall zu erkennen. Danach ist es zu spät. Natürlich kann ein derartiger Befall nur bei Wildfangtieren auftreten. Daher ist es weitaus sicherer, gesunde Tiere aus Nachzuchten zu bekommen. Durch gesunde Zuchtstämme können Arten erhalten werden, die in der Natur aufgrund von Lebensraumzerstörung gefährdet sind.

Einzelgänger – Einzelhaltung

Poecilotheria regalis in aufgerichteter Drohstellung: Vogelspinnen sind untereinander aggressiv, so daß nur eine Einzelhaltung in Betracht kommt.

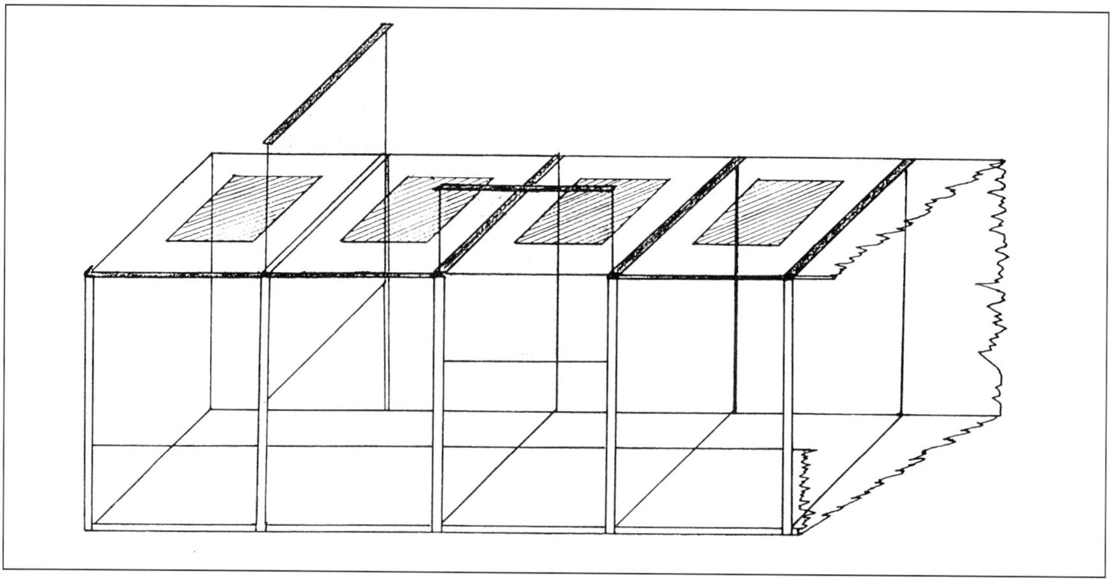

Terrarienanlagen aus Glas und Aluminiumprofilen mit variablen Trennscheiben sind gut geeignet.

Vogelspinnen sind in keiner Weise gesellige Tiere. Das bedeutet, daß sie durchweg nur einzeln gehalten werden können. Mir wird oft die Frage gestellt, ob es nicht grausam ist, die Tiere einzeln zu halten. Ganz im Gegenteil. Es wäre grausam, die Tiere in Gruppen zu halten. Günstigstenfalls würden sie nur kämpfen, doch spricht alles dafür, daß sie sich binnen kürzester Zeit gegenseitig umbringen. Wie ich schon erwähnt habe, benötigen Vogelspinnen nur sehr wenig Platz. In der freien Natur verlassen die Weibchen ihre Wohnhöhle nur gelegentlich, um Beute zu machen und um zu trinken. Auch zu Paarungszwecken verläßt das Weibchen die Höhle im Regelfall nicht. Das Männchen kommt zur Höhle des Weibchens, und sobald es wieder verschwunden ist, lebt das Weibchen allein, bis die Jungtiere aus dem Kokon schlüpfen. Sind die Jungspinnen erst einmal geschlüpft, zeigt sich die Mutter nicht gerade vorbildhaft, und die kleinen Spinnen werden schon früh zur Selbständigkeit gezwungen. Spätestens nach der ersten Häutung außerhalb des Kokons verlassen die Babyspinnen die Wohnröhre, um auf Nahrungssuche zu gehen und nach einer geeigneten Bleibe Ausschau zu halten. Nur einige wenige werden in ihrer gefährlichen Umgebung überleben. Ohne die zahlreichen Nachkommen hätten die Vogelspinnen in der Natur keine Überlebenschance.

Wie Sie am Verhalten der Vogelspinnen erkennen können, ist es sicherlich nicht grausam, die Tiere einzeln zu halten. Tatsächlich ist es sogar lebenswichtig für die Spinnen. In mehrere Parzellen geteilte Terrarien sind eine gute Lösung, um mehrere Tiere bei gleichem Klima auf einer relativ geringen Fläche zu pflegen. Wichtig ist dabei nur, daß die eingesteckten Trennwände sicher schließen und auch bis an die Oberkante des Terrariums reichen. Sollte es trotz aller Vorsichtsmaßnahmen doch einmal passieren, daß zwei Spinnen aneinandergeraten, so heißt es, schnell zu reagieren und die kämpfenden Tiere zu trennen. Die besten Hilfsmittel dafür sind ein Stück kräftigen Kartons und ein Wasserzerstäuber. Kann die Pappe nicht zwischen die Tiere gebracht werden, so hilft oft ein kurzes Besprühen der Spinnen mit Wasser. Für einen Moment besteht dann die Möglichkeit, die Pappe als Trennwand zwischen die Tiere zu stellen und die Vogelspinnen wieder in ihre Behälter zu geben. Das Ganze kann sich durchaus zu einer etwas problematischen Aktion entwickeln. Denken Sie daher immer daran: Vogelspinnen sind Künstler im Entkommen und nutzen selbst die kleinsten Spalten, um einen Ausbruch zu versuchen. Sicherheit für die Spinne und für den Pfleger muß Vorrang vor allen anderen Aspekten haben. Gut geplante Terrarienanlagen erleichtern die Pflege.

Auch bei der Paarung von Vogelspinnen – hier bei *Phormictopus cancerides* – kann es zu Aggressionen kommen.

Zucht im Terrarium

Einige der Vogelspinnen, die wir in Gefangenschaft pflegen, zählen bereits zu den gefährdeten Tierarten. Doch auch für die Arten, die noch nicht als besonders gefährdet eingestuft werden, sieht die Zukunft ohne unser Dazutun nicht rosig aus. Wollen wir auch in absehbarer Zeit nicht auf die Pflege von Vogelspinnen verzichten, ist die einzige Lösung in der Zucht der Tiere zu sehen. Hierdurch entkräften wir auch den Vorwurf, daß unsere Liebhaberei den Bestand in der Natur schädigt. Inzwischen wurden viele Zuchtprogramme von zoologischen Gärten und anderen zoologischen Einrichtungen ausgearbeitet. Auch nationale Vogelspinnengesellschaften betreiben ausgereifte und erfolgreiche Zuchtprogramme.

Was geschieht nun also, wenn Sie in Ihrem Tierbestand ein geschlechtsreifes Männchen haben? Wie erkennen Sie überhaupt ein männliches Tier? Antworten darauf finden Sie speziell in den Kapiteln über die Anatomie und Fortpflanzung von Vogelspinnen. Grundsätzlich haben die männlichen Tiere beinahe aller Vogelspinnenarten an den beiden vorderen Laufbeinen zwei kleine Schienbeinhaken. Ihre Taster haben Bulbi entwickelt, die wie kleine Boxhandschuhe aussehen. Das Abdomen der Männchen ist deutlich kleiner, und die Beine erscheinen länger als bei den Weibchen.

Durch das Abholzen von Regenwäldern werden viele Tierarten in ihrem Bestand gefährdet. Mit den Wäldern sterben auch die Vogelspinnen.

Wir besprechen nun, was geschieht, wenn Sie sicher sind, ein Männchen in Ihrer Sammlung zu haben. Etwa eine Woche nach der Reifehäutung des Männchens legt das Tier sein Spermanetz an. Den Bau dieses Netzes habe ich im Kapitel Balz und Fortpflanzung bereits beschrieben.

Ist die Arbeit getan, wird das Männchen extrem aktiv, und

Mit Nachzuchten im Terrarium kann der Spinnenliebhaber dazu beitragen, den Vogelspinnen (hier *Brachypelma albopilosa*) zumindest ein Überleben in menschlicher Obhut zu ermöglichen.

es wird alles mögliche versuchen, aus dem Terrarium zu entkommen. Das Problem des Männchens, und damit auch Ihres, ist es, ein geeignetes Weibchen derselben Art zu finden. Steht ein Weibchen zur Verfügung, gibt es keine weiteren Probleme mehr.
Es gibt verschiedene Möglichkeiten, das Pärchen zur Fortpflanzung zu bringen. Um keine Schwierigkeiten auftreten zu lassen, greifen Sie am besten auf eine erfolgreich erprobte Methode zurück. Stellen Sie zunächst einmal sicher, daß beide Tiere über mehrere Tage hinweg gut gefüttert werden, bevor Sie sie zusammensetzen. Die frühen Abendstunden haben sich als beste Zeit für einen Paarungsversuch herausgestellt. Bewaffnen Sie sich also mit einem Wasserzerstäuber und einem starken Stück Karton, um eventuellen Meinungsverschiedenheiten zwischen den Spinnen vorzubeugen. Zusätzlich kann eine große Pinzette hilfreich sein. Alle Vorkehrungen sind getroffen, Sie können die Tiere für die Paarung zusammensetzen. Es ist äußerst wichtig, daß Sie das Männchen in das Terrarium des Weibchens setzen, niemals umgekehrt. Nun setzen Sie sich zurück, um die Tiere in Ruhe beobachten zu können.
Häufig, jedoch nicht immer leitet das Männchen sein Werben mit einem speziellen Paarungstanz ein. Einen Schwerpunkt stellt dabei das Trommeln mit den Vorderfüßen und den Tastern auf den Bodengrund dar. Ist das Weibchen zur Paarung bereit, so wird es das Trommeln des Männchens im Regelfall erwidern. Während der Paarungsvorbereitungen bebt das Männchen am ganzen Körper. Es bewegt das Abdomen regelmäßig auf und ab und tippt es dabei fortwährend in den Bodengrund. Während dieses Abschnittes wartet das Männchen den Zeitpunkt ab, wo sich das Weibchen aufrichtet und seine Fänge zeigt. In diesem Moment wird das Männchen seine Vorderbeine zwischen die Chelizeren des Weibchens schieben, um ihre Fänge zu blockieren.

Die Schienbeinhaken einer männlichen Vogelspinne.

Die beiden Bulbi stellen das Begattungsorgan dar.

Dem Männchen bleiben nur wenige Sekunden, um sich mit seinen Schienbeinhaken in den Fängen des aufgerichteten Weibchens einzuhaken. Um das Weibchen zu befruchten, führt das Männchen seine Bulbi einen nach dem andern und über Kreuz in ihre Genitalöffnungen. Dadurch, daß das Männchen die Fänge des Weibchens blockiert hat, besteht keine unmittelbare Gefahr, gebissen zu werden. Doch ist die Paarung beendet, muß das Männchen das weibliche Tier noch so lange friedlich halten, bis es flüchten kann. Das Männchen gibt dazu einen Fang des Weibchens frei und nutzt das frei gewordene Bein dazu, das Abdomen des Weibchens zu streicheln. Jetzt hakt das Männchen auch das andere Bein aus dem Fang des Weibchens aus und tritt schnellstmöglich die

Flucht an. Durch Auf- und Abbewegungen der erhobenen Taster und des ersten Laufbeinpaares sichert das Männchen seinen Rückzug, bis es außer Reichweite des Weibchens ist. Die Paarung ist beendet, und Sie können das Männchen wieder in sein Terrarium setzen.

Eine Paarung dauert etwa zwischen 10 und 30 Sekunden (bei Brachypelma smithi bis zu 30 Minuten) und sollte für eine Befruchtung des Weibchens ausreichen. Sobald das Männchen wieder ein neues Spermanetz gebaut hat, können Sie einige Tage später zur Sicherheit einen weiteren Paarungsversuch einleiten. Ist das Weibchen beim ersten Paarungsversuch erfolgreich befruchtet worden, so wird es beim zweiten Anlauf nichts mehr mit dem Männchen zu tun haben wollen.

Der beschriebene Paarungsablauf gilt nicht für alle Fälle und stellt nur eine Art Leitfaden dar, in dem durchaus Abweichungen auftreten können. Es kann vorkommen, daß sich das Weibchen auf das Männchen stürzt und sofort zubeißt. In diesem Fall können Sie nichts für das Männchen tun. Das Weibchen wird das Opfer in seine Höhle ziehen und dort auffressen. Mit diesem Risiko müssen die Vogelspinnenmännchen und natürlich auch der Pfleger rechnen, doch ist es der einzige Weg, die Art am Leben zu erhalten.

Bei den zahlreichen Paarungen, die ich beobachten konnte, gab es viele Abweichungen im Paarungsverlauf. Ein Paar von Acanthoscurria spec. befand sich zur Paarung in einem großen Terrarium, und der Paarungstanz sowie das Trommeln wurden von beiden Tieren gezeigt. Plötzlich kam das Männchen vor, hob das Weibchen an und blockierte ihre Klauen, bevor sie in irgendeiner Form reagieren konnte. Diese Paarung dauerte insgesamt 33 Minuten. Während dieser Zeit zerrte das Männchen das Weibchen von einer Ecke in die andere des 1 Meter langen Terrariums. Die beiden im Grunde recht aggressiven Spinnen trennten sich äußerst friedlich. Das Männchen ließ das Weibchen einfach los, und beide Tiere entfernten sich voneinander. Meine Erfahrungen mit dieser großen Spinnenart haben gezeigt, daß sich die Tiere gegenüber ihren Artgenossen weitaus friedfertiger verhalten als gegenüber ihrem Pfleger.

Brachypelma mesomelas zur Paarung zu bringen, ist, wenn ich meinen Freund Vince Hull-Williams zitiere, eine heiße Sache. Die Tiere sind vor, während und auch nach der Paarung extrem aggressiv. Das bedeutet, daß das Männchen nach der Paarung schnellstmöglich aus dem Terrarium des Weibchens entfernt werden muß.

Äußerst schwierig ist es, eine Paarung bei Aphonopelma seemanni einzuleiten. Trotz aller für die Männchen nötigen Paarungsvorbereitungen verhalten sich die Tiere bei einer Konfrontation mit einem Weibchen oft völlig widerwillig und zögernd. In 9 von 10 Fällen zeigen sich die Weibchen paarungsbereit, bei den Männchen ist es das genaue Gegenteil.

Phromictopus cancerides ist eine meiner Lieblingsspinnen, doch scheint es, daß die Tiere selber nicht genau wissen, ob sie nun Männchen oder Weibchen sind. Für die Paarung hatte ich ein gerade geschlechtsreifes Männchen mit einem Weibchen zusammengesetzt. Die Paarung verlief völlig normal und erfolgreich. Einige Tage später geschah etwas Erstaunliches. Während einer Häutung verwandelte sich das Weibchen zu einem Männchen. Dieser Vorgang ist inzwischen auch bei einem anderen Pärchen dieser Art aufgetreten.

Die Paarung der südamerikanischen Rotfuß-Vogelspinne

Avicularia avicularia sorgte ebenfalls für leichte Schwierigkeiten. Es war problematisch, ein kräftiges Männchen zu bekommen, und so mußte ein sehr kleines Tier mit dem Weibchen zusammengesetzt werden. Das Männchen begann sofort mit dem charakteristischen Paarungsverhalten und trommelte mehr als zwei Stunden auf den Bodengrund, an die Glasscheiben, auf die Wohnröhre des Weibchens, ehe das Weibchen auf sein Werben reagierte und aus seinem Versteck hervorkam. Das Männchen konnte sich nicht länger zurückhalten und stürzte auf das Weibchen los, drückte es zurück, blockierte ihre Fänge, um sich gefahrlos mit dem Weibchen zu paaren. Danach versuchte das Männchen, sich vom Weibchen zu trennen. Ich war schon auf alles gefaßt, als das Männchen dem Weibchen eine Art Boxhieb verpaßte. Das hatte zur Folge, daß das Weibchen aus dem Gleichgewicht kam und damit das Männchen buchstäblich durch die Luft geschleudert wurde. Glücklicherweise ist die Rückenlandung des kleinen Männchens ohne Verletzungen ausgegangen. Auch das Weibchen zeigte nach diesem Zwischenfall kein weiteres Interesse an dem Männchen, so daß ich das Tier problemlos in sein eigenes Terrarium umsetzen konnte.

Die mexikanische Rotknie-Vogelspinne (Brachypelma smithi) ist nach meinen Erfahrungen gut zu züchten. Mitunter ist es allerdings schwierig, Männchen zu beschaffen. Während der letzten Jahre habe ich mehr als 10 Pärchen zusammengesetzt. Die Paarungen sind alle problemlos und erfolgreich verlaufen. Eine Schwierigkeit, die eventuell auftreten kann, besteht darin, daß die Weibchen das Sperma bis zu einem Jahr halten können und saisonbedingt ihren Kokon im Frühjahr ablegen. Verschiedentlich häuten sich die Weibchen aber schon kurz nach der Paarung, obschon ihr Zyklus noch längst nicht erreicht ist. Das kann sehr irritierend sein.

Pterinopelma saltador gilt weltweit als eine der friedfertigsten Vogelspinnen. Nimmt man sie auf die Hand, so hat es in aller Regel sogar den Anschein, als wolle sie nur äußerst ungern wieder in ihr Terrarium zurück. Eine Überraschung sollte ich bei dem Zusetzen eines Männchens erleben. Das Spinnenweibchen hatte sich kurz zuvor gehäutet und während der letzten Tage ausreichend gefressen. Die Voraussetzungen für eine Paarung waren günstig. Ich gab das Männchen zum Weibchen in das Terrarium und beobachtete das Geschehen. Die Paarung schien wie erwartet ruhig und

Pterinopelma saltador **(rechts das Weibchen, links das Männchen) gilt als friedfertig.**

friedlich abzulaufen, als plötzlich das Männchen in helle Aufregung geriet. Offenbar hatten sich bei dem Weibchen doch noch Hungergefühle eingestellt, denn es zeigte reges Interesse daran, das Männchen als willkommenen Leckerbissen zu verspeisen. Glücklicherweise war ich schnell genug und konnte das Männchen vor dem Weibchen retten, um es zurück in sein eigenes Terrarium zu geben. Was nun geschah, war sehr ungewöhnlich. Das ansonsten sehr ruhige Weibchen begann damit, das Terrarium buchstäblich zu durchforsten. Es kletterte die Seitenwände hinauf, durchwühlte den Bodengrund, zog am Spaghnum-Moos, kippte den Wasserbehälter um, einzig und allein auf der Suche nach dem entkommenen Leckerbissen.
Anhand dieser Ausführungen werden Sie erkennen, daß die Paarung der Vogelspinnen besonders für die männlichen Tiere sowohl ein Vergnügen als auch ein äußerst unerfreuliches Ereignis sein kann. Doch wie schon gesagt, es ist immer wichtig, alles daran zu setzen, die Tiere in Gefangenschaft zu vermehren. Sie sollten keine Gelegenheit auslassen, die Tiere zur Paarung zu bringen. Um unserem Hobby auch in Zukunft

Paarung bei *Theraphosa leblondi:* Das Männchen (rechts) drückt das Weibchen hoch, um seine Bulbi in die Geschlechtsöffnung des Weibchens einführen zu können.

nachgehen zu können, müssen Zuchtversuche weitergeführt werden.
Das Weibchen wird sich im Durchschnitt während der ersten 6 bis 9 Wochen nach der Paarung normal verhalten und auch Nahrung zu sich nehmen. Nach diesem Zeitraum beginnt das Tier damit, einen feinen Seidenteppich über den Bodengrund zu spinnen, auf dem es die gelblichen Eier ablegt. Die Eier werden in eine Art Baumwollball eingehüllt. In diesem Kokon schlüpfen die Jungspinnen innerhalb der nächsten 4 bis 16 Wochen. Während dieser Entwicklungsphase nimmt das Weibchen keine Nahrung zu sich und verläßt den Kokon, wenn überhaupt, nur in ganz seltenen Fällen. Das Muttertier verliert nach der Eiablage an Gewicht, und das kann durchaus zu einer gewissen Beunruhigung bezüglich des Gesundheitszustandes führen. Tatsächlich ist es aber kein Grund zur Besorgnis.
Sobald die Jungtiere aus dem Kokon schlüpfen, müssen Sie das Weibchen aus dem Terrarium in einen neu vorbereiteten Behälter umsetzen. Andernfalls wird die Vogelspinne damit beginnen, ihren Nachwuchs aufzufressen. Die Jungspinnen verlassen den Kokon durch eine kleine Öffnung an der Oberseite der Kokonhülle. Sollten Sie feststellen, daß die Öffnung für die Spinnenbabys zu klein ist, können Sie mit Hilfe einer Nagelschere etwas nachhelfen und die Öffnung vergrößern. Damit die frisch geschlüpften Vogelspinnen genügend Versteckmöglichkeiten finden und sich aus dem Weg gehen können, füllen Sie das Terrarium mit Spaghnum-Moos auf. Die erste Häutung hatten die kleinen Spinnen bereits im Kokon, die zweite erfolgt etwa 7-10 Tage später außerhalb ihrer Kinderstube. Erst nach der zweiten Häutung beginnen die Tiere damit, die Nahrung aufzunehmen. Das beste Futter für die kleinen Vogelspinnenbabys sind entweder Fruchtfliegen oder frisch geschlüpfte Grillen. Wenn Sie über keine eigenen Futterzuchten verfügen, so sind diese Futterinsekten problemlos über den Fachhandel zu beziehen.
Vorausgesetzt, daß die Futterkonzentration im Aufzuchtterrarium ständig hoch genug ist, können Sie die kleinen Spinnen ohne weiteres über einige Wochen hinweg gemeinsam pflegen. Es ist leider nicht zu vermeiden, daß Sie während der Auf-

Ei, erstes und zweites Larvenstadium von *Brachypelma albopilosa*.

zucht einige Tiere verlieren. Zu schwache und kleine Spinnen werden die ersten Wochen oft nicht überleben, doch lassen Sie sich durch diese von der Natur vorprogrammierten Verluste nicht entmutigen. In Gefangenschaft überlebt der größte Teil der Jungspinnen, in der Natur sind es nur einige wenige, die die ersten Lebensjahre überstehen.

Die Pflege und weitere Aufzucht der kleinen Spinnen werden in einem folgenden Kapitel ausführlich aufgezeigt, so daß ich an dieser Stelle auf weitere Erläuterungen verzichte. Sicherlich werden Sie an der Spinnenaufzucht viel Freude finden, so daß kleinere Komplikationen nicht ins Gewicht fallen.

Wir haben darüber gesprochen, daß männliche Spinnen erst nach ihrer Reifehäutung als Männchen zu erkennen sind. Mein Freund John Hancock hat eine Methode herausgefunden, wie das Geschlecht einer Vogelspinne an der Häutung des Tieres ausgemacht werden kann. Im folgenden Kapitel finden Sie hierzu die Anleitung.

Geschlechtsbestimmung (von Kathleen und John Hancock)

Dorsalansicht einer Vogelspinne

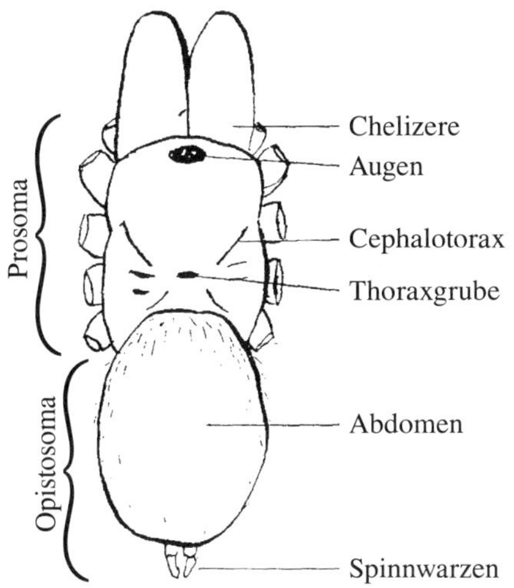

Ventralansicht einer Vogelspinne

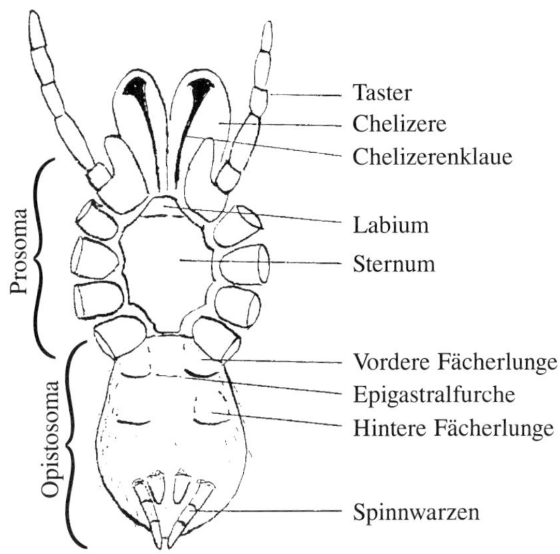

In England ist die Britische Vogelspinnengesellschaft eine der führenden Institutionen, die sich um die Pflege und Zucht der z. T. schon stark gefährdeten Vogelspinnen bemüht. Die Zielsetzung der Gesellschaft besteht in erster Linie darin, an langfristigen Zuchtprogrammen teilzunehmen und sie zu unterstützen. Dadurch wird der Druck auf die natürlichen Biotope verringert, und für den Liebhaber besteht die Möglichkeit, Spinnennachzuchten zu angemessenen Preisen zu bekommen. Um dieses Ziel zu erreichen, muß der Amateur-Arachnologe seine Spinnen nicht nur zur Nachzucht bringen, er muß die Jungspinnen auch bis zum adulten Tier heranziehen. Dies mag den Anschein haben, als sei es eine entmutigende und fürcherlich langwierige Aufgabe, doch ist nichts leichter als das.

Die gesamten Zuchtprogramme sind abhängig von gerade geschlechtsreif gewordenen Männchen. Leider liegt die Lebenserwartung der Männchen nach der Reifehäutung nur bei etwa 20 Monaten. Nur wenige Tiere leben dann noch 2 bis 3 Jahre. Es ist daher sehr wichtig, daß jedes Jahr junge Männchen zur Verfügung stehen. Hinzu kommt, daß die männlichen Tiere nach der Reifehäutung nur wenige Monate lang für die Zucht geeignet sind. Die einzige wirklich erfolgversprechende Methode besteht darin, Nachzuchttiere zur Geschlechtsreife heranzuziehen.

Um unnötig große Mühen zu vermeiden, ist es von großem Vorteil, schon in einem frühen Stadium das Geschlecht einer Spinne sicher bestimmen zu können. So können junge Männchen gezielt und zeitlich so herangezogen werden, daß sie den Weibchen zum richtigen Zeitpunkt zur Verfügung stehen.

Der Körper einer Vogelspinne kann, wie auch bei allen anderen Spinnen, als zweigeteilt angesehen werden. Der Cephalothorax (Kopfbruststück), der die Augen, Beine etc. trägt, sowie das hintere Teil, das Abdomen oder Opistosoma. Im Abdomen befinden sich die vier Fächerlungen, das Herz, das Verdauungssystem, die Spinndrüsen und die Öffnungen der Geschlechtsorgane. Die weiblichen Fortpflanzungsorgane bestehen aus einem Paar Eierstöcken und Röhren, die die Eier über eine vergrößerte Tasche, die „Uterus externus", nach außen bringen. Von dieser Tasche zweigen zwei kleinere Ausstülpungen ab, bekannt als Spermatheken oder Receptacula seminis, in denen der Samen gespeichert wird. An Häutungspräparaten können die Spermatheken nachgewiesen werden, wodurch eine Geschlechtsbestimmung möglich wird.

Bei der Häutung werden nicht nur die an der Außenseite liegenden Körperteile abgestoßen: Alle Haare, die Spinnwarzen, die Klauen, die Augenlinsen. Auch einige der innneren Organe, wie die Fächerlungen und der Magen werden mit abgestoßen. Die neue Haut liegt faltig unter der alten Haut und kann während und direkt nach der Häutung gestreckt werden, wodurch das Wachstum ermöglicht wird.

Die Spermatheken und auch die „Uterus externus"-Tasche sind mit Epidermis ausgekleidet. Bei Vogelspinnen werden auch diese Bereiche bei einer Häutung mit erneuert. Das hat natürlich den Effekt, daß ein zuvor befruchtetes Weibchen nach einer Häutung wieder neu befruchtet werden muß, da der Samen mit der alten Haut verlorengeht. Anhand einer vorliegenden Häutung, die Spermatheken aufweist, ist also klar zu erkennen, daß es sich bei diesem Tier um ein sicheres Weibchen handeln muß.

Die alte Spinnenhaut muß für

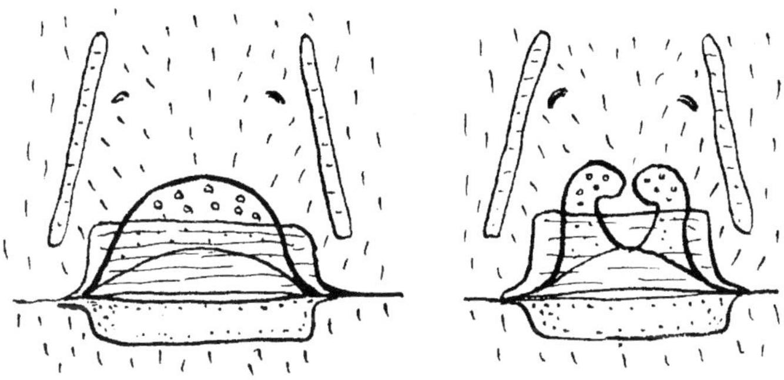

Die beiden Grundformen von Spermatheken innerhalb der Familie Theraphosidae

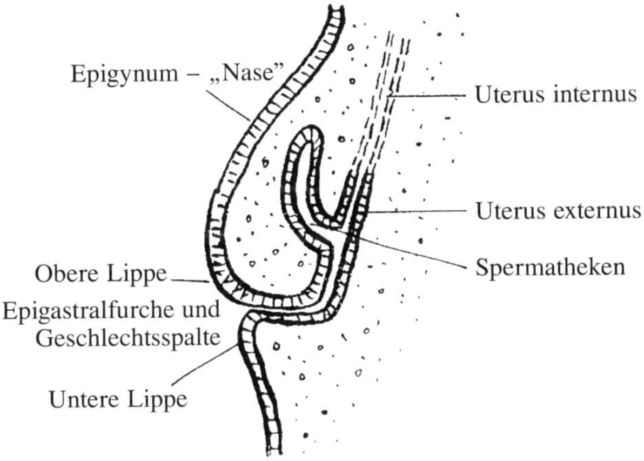

Seitenansicht des weiblichen Epigastralbereiches

die diesbezügliche Untersuchung weich und elastisch sein. Am besten weichen Sie die Haut in einer Lösung aus Wasser und Flüssigseife ein, um im Anschluß das Abdomen vorsichtig in die richtige Position bringen zu können. Danach legen Sie die feuchte Haut auf einen Glasstreifen und versuchen, sie so auszurichten, daß Sie die beiden Paare der Fächerlungen sehen können. Bei ausgewachsenen Tieren genügt für die folgende mikroskopische Untersuchung eine Vergrößerung von X10, bei kleineren Tieren ist ein „Stereo-Mikroskop" mit einem Vergrößerungsbereich zwischen X6 und X50 erforderlich.

Der nächste Schritt besteht darin, die vorderen Fächerlungen (das Paar, das sich näher zum Kopf befindet) zu lokalisieren. Zwischen diesem Paar liegt die Epigastralfurche, und direkt über dieser Falte befindet sich der für uns interessante Bereich der Fortpflanzungsorgane. Die Skizze zeigt das weibliche Epigynum von der Innenansicht.

Die Spermatheken gibt es in zwei unterschiedlichen Typen, paarweise oder miteinander verschmolzen. Doch um besser zu verstehen, wonach Sie zu suchen haben, beachten Sie die Skizze mit der Seitenansicht des weiblichen Epigynum-Bereiches.

Bei den meisten Vogelspinnenarten sind die Weibchen relativ einfach zu bestimmen. Um ein Männchen sicher bestimmen zu können, bedarf es schon einiger Erfahrung. Bei verschiedenen Arten weisen die Männchen zusätzliche Drüsen auf, die leicht für Spermatheken gehalten werden können. Sie können die Spermatheken eines jungen Weibchens nach der 6. Häutung leicht mit den zusätzlichen Drüsen eines ausgewachsenen Männchens verwechseln.

Die Geschlechtsbestimmung von jungen Spinnen stellt einen sehr wichtigen Bereich

Ausgebreitete Häutung als Untersuchungsobjekt mit der fixierten Bauchhaut des Abdomens.

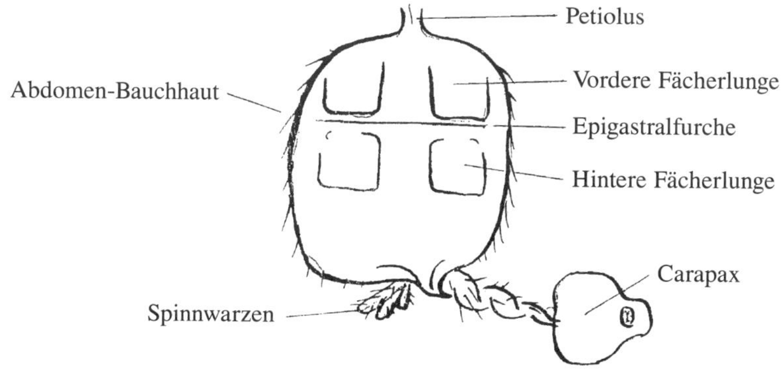

Abdomen-Rückenhaut

Schnitt durch die Bauchhaut des Abdomens mit Epigastralfurche

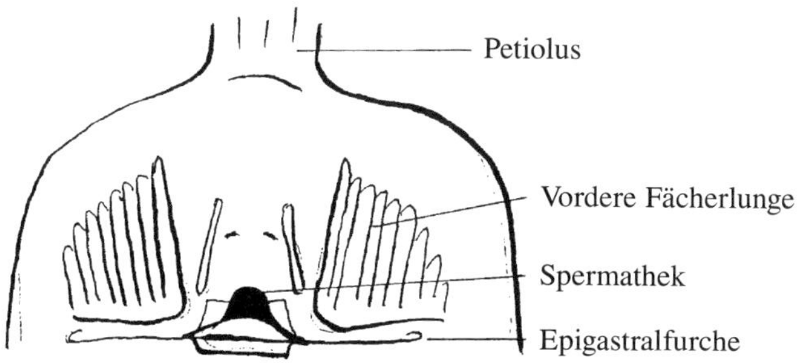

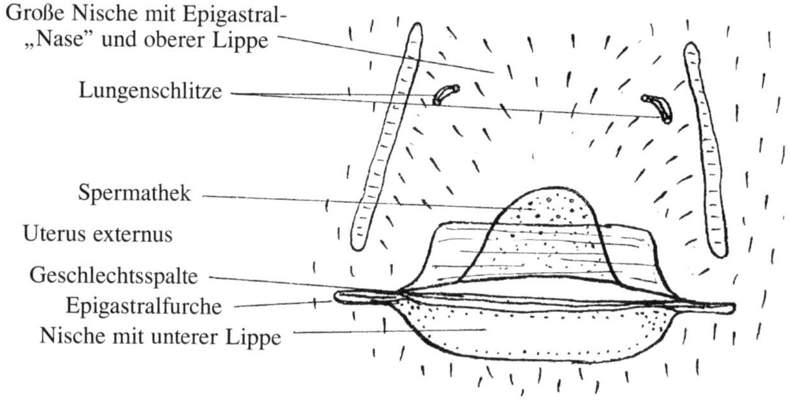

Innenansicht des weiblichen Epigastralbereiches mit Spermathek

für die Zucht dieser überaus interessanten und schönen Spinnen dar. Ab einem Alter von 4 Monaten ist eine Geschlechtsbestimmung möglich, doch ist die Untersuchung der Häutung eines 6 Monate alten Tieres sinnvoller. Haben Sie ihre Spinne eindeutig als Männchen oder Weibchen erkannt, so können Sie das Tier problemlos in bestehende Zuchtprogramme eingliedern. Männchen aller Arten sind heißbegehrt, und für den Fall, daß Sie selber keine Zuchtversuche unternehmen wollen, können Sie Ihre Tiere entsprechenden Zuchtgemeinschaften anbieten.

Für den Fall, daß Sie selber keine Möglichkeit haben, die Geschlechtsbestimmung Ihrer Spinnen vorzunehmen, so können Sie die Häutungen an John Hancock schicken. Er betreibt einen Bestimmungsservice, den Sie gegen einen geringen Kostenaufwand wahrnehmen können. Seine Anschrift finden Sie im Anhang des Buches.

Männlicher und weiblicher Epigastralbereich im Vergleich (Innenseite)

Weiblich ♀

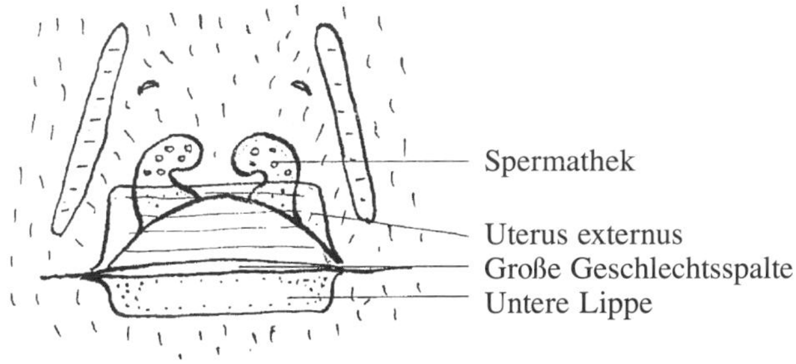

Männchen ♂

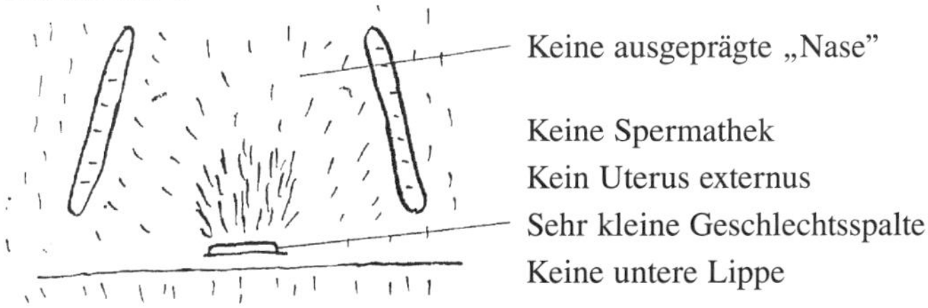

Männchen: Epigastralbereich mit einem Paar zusätzlicher Organe

Geschlechtsreifes Weibchen x6

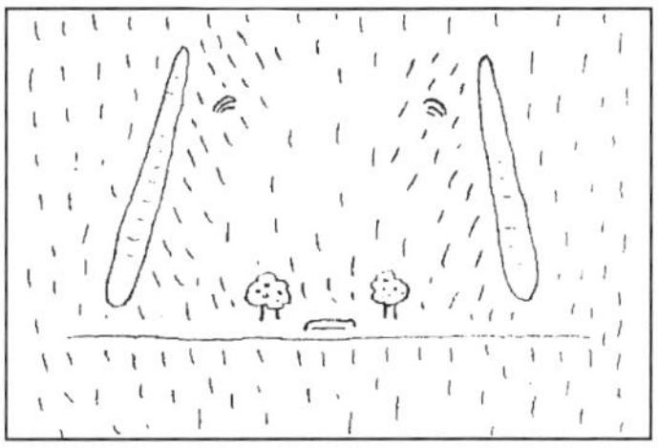

Letzte Häutung des Männchens x6

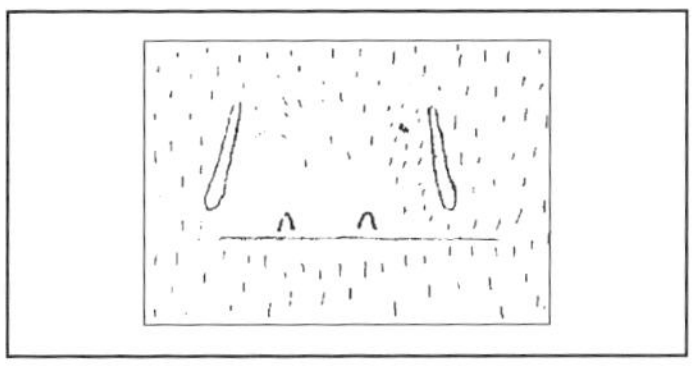

Weibliches Jungtier, 4. Häutung x50

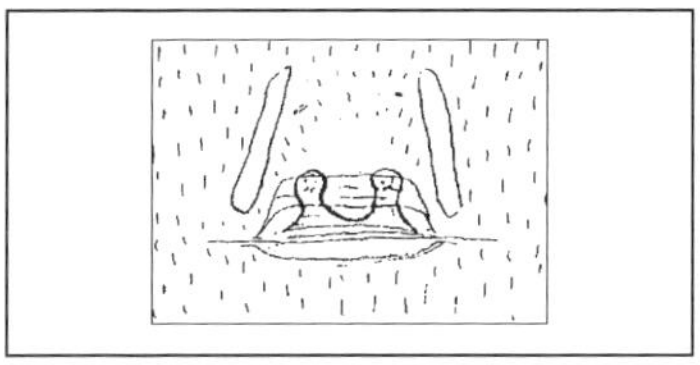

6. Häutung x25

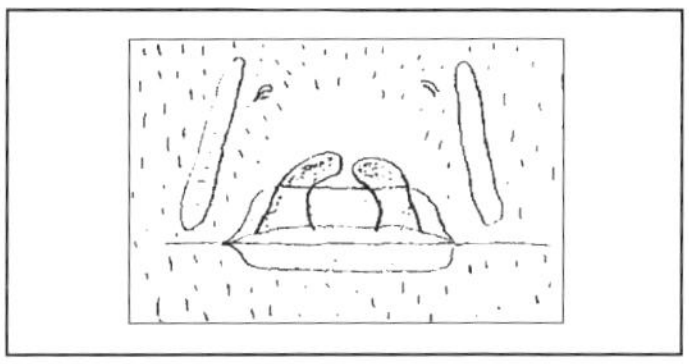

8. Häutung x25

Schematische Darstellung des Epigastralbereiches von *Aphonopelma seemanni*.

Aufzucht von Jungspinnen

Die Kraushaarvogelspinne *(Brachypelma albopilosa)* bewacht ihren Kokon.

Die ersten Jungspinnen verlassen den Kokon.

Oben: Frischgeschlüpfte Jungspinnen von *Brachypelma albopilosa*. Unten: *Poecilotheria regalis* mit Jungtieren.

Nachdem wir in den vorherigen Kapiteln die ausgewachsenen und halbwüchsigen Spinnen behandelt haben, wenden wir unsere Aufmerksamkeit nun den Babys der Spinnenwelt zu, den Jungspinnen. Es gibt nichts Lohnenderes, als eine kleine Spinne dabei zu beobachten, wie sie zu fressen beginnt, wie sie sich häutet, frißt und wieder häutet. Doch bedeutet die Aufzucht einer kleinen Vogelspinne weit mehr Aufmerksamkeit auf das Detail, als es bei ihren großen Ebenbildern der Fall ist. Dies ist sicherlich mit der komplizierteste und zeitraubendste Bereich in der Spinnenpflege.

Kümmern wir uns zunächst um die gerade aus dem Kokon geschlüpften Jungtiere. „Was geschieht, wenn Ihr Spinnenweibchen einen „Baumwollball" herstellt. Wenn Sie keine Paarung arrangiert haben, sind Sie sicherlich sehr erstaunt über dieses Ereignis. Ursache ist u. U., daß die Spinne ein Wildfangtier ist und daß sie trächtig war, oder es handelt sich um eine Phantom-Schwangerschaft. In beiden Fällen handelt es sich bei dem Baumwollball um einen Kokon. Sollte das Gelege nicht befruchtet sein, so wird die Mutter (je nach Art) den Kokon zerstören. Sind die Eier befruchtet, werden Sie innerhalb von 3 bis 15 Wochen den Schlupf von hunderten von Mini-Vogelspinnen beobachten können. Diese kleinen Vogelspinnen erinnern in keiner Weise an die Mutter, wenn sie aus dem Ei schlüpfen und als winzige undurchsichtige weiße „Eier" mit Beinen aus dem Kokon klettern. Insgesamt können es 70 bis 700 Jungspinnen sein! Was machen Sie nun damit?

Als allererstes müssen Sie das Muttertier aus dem Terrarium entfernen. Anderenfalls wird es unweigerlich damit beginnen, die Jungen zu fressen. Während der Zeit, in der sich die Spinne mit der Aufsicht ihres Kokons befaßt, haben Sie genügend Freiraum, ein neues Terrarium für das adulte Tier vorzubereiten. Direkt nach dem Schlupf der Jungspinnen setzen Sie die adulte Spinne in ihr neues Terrarium, und erst jetzt können Sie sich um den Nachwuchs kümmern. Meiner Ansicht nach ist es die beste Methode, wenn Sie das Terrarium zur Hälfte mit Spaghnum auffüllen und die Jungspinnen zunächst gemeinsam im Terrarium belassen. Sie werden sich selber winzige Höhlen graben und sie so anordnen, daß sie den anderen Jungspinnen nicht zu nahe kommen. Dies ist für die ersten Wochen eine sichere Methode der Aufzucht, zumal die Jungspinnen nicht sofort mit der Nahrungsaufnahme beginnen. Frisch geschlüpfte Vogelspinnen häuten sich das erste Mal noch innerhalb des Kokons, erst dann kommen sie aus dem Schutz ihrer Kinderstube hervor. Etwa eine Woche später häuten sie sich dann erstmals außerhalb des Kokons. An dieser Stelle beginnt die Fütterung der Jungspinnen. Frisch geschlüpfte Heimchen und Fruchtfliegen (Drosophila), die auch schnell vom Züchter bestellt und verschickt werden können, sind ein ideales Futter für die Spinnenbabys. Vorausgesetzt, daß sie ständig eine ausreichende Futterkonzentration und immer ausreichende Feuchtigkeit im Terrarium haben, werden die kleinen Spinne auch einige Wochen länger zusammenleben können. Solange Sie ihnen genügend Moos und zwar zusätzlich zum normalen Bodengrund anbieten, fühlen sich die Spinnenbabys rundum wohl.

Eine zusätzliche Heizung ist u. U. erforderlich, hängt aber von der jeweiligen Art ab (siehe Artbeschreibungen). Beispielsweise habe ich kürzlich eine Brut von 445 mexi-

kanischen Brachypelma vagans bei einer Zimmertemperatur von 23-25 °C erfolgreich aufgezogen.
Nach 4-5 Wochen ist spätestens der Zeitpunkt gekommen, wo die Jungspinnen einzeln gesetzt und aufgezogen werden müssen. Dies ist zwar nicht schwierig, dafür aber sehr zeitaufwendig. Wie auch immer, es führt kein Weg daran vorbei. Besonders gut eignen sich kleine Plastikröhren mit etwa 60 ml Rauminhalt. Diese Röhren sind natürlich auch für die Aufzucht von Jungspinnen geeignet, die Sie z. B. von Züchtern bekommen haben. Sie können die kleinen Gläschen einsetzen, die für Babynahrung genutzt werden, Sie können Mini-Joghurtbecher oder Salatdöschen nutzen. Wichtig ist, daß die nötige Temperatur und Feuchtigkeit gewährleistet sind. Füllen Sie die Röhrchen bis zu ⅓ mit durchtränktem Vermiculit auf, geben Sie ein wenig Spaghnum hinzu, und das Mini-Terrarium ist fertig für die erste Babyspinne. Die einfachste Methode, die kleinen Spinnen aus ihrem Terrarium zu holen, ist mit Hilfe kleiner Plastikdöschen, in die Sie die Spinnenbabys mit der Fingerspitze dirigieren.
Bei ausreichender Feuchtigkeit ist es nicht erforderlich,

Aufzuchtdöschen für Jungspinnen in einem Terrarium mit Beheizung.

den Jungspinnen zusätzlich Wasser anzubieten. Zu hohe Feuchtigkeit ist dagegen, speziell für die Babyspinnen, auch gefährlich, da die Möglichkeit des Ertrinkens besteht. Wie auch immer, ein kleiner, mit Wasser getränkter Baumwollstreifen oder auch Zellstoff, der täglich gewechselt werden sollte, ist sicher nicht verkehrt.
Für den Fall, daß Ihre Spinnenbabys eine zusätzliche Beheizung benötigen, empfehle ich folgende Methoden.
1. Eine große Styroporkiste, die mit einem Deckel keine zusätzlichen Wärmequellen benötigt. Die Röhrchen stellen Sie einfach hinein, notfalls auch in mehreren Reihen übereinander. Diese Methode bietet sich auch an, wenn Sie die Tiere im Auto transportieren wollen.
2. Ein großes Aquarium oder Vivarium mit einer im Terrarium hochkant an der Rückseite stehenden Heizmatte. Die Aufzuchtdosen können so warm und feucht untergebracht werden.
Achten Sie darauf, daß die Döschen nicht den direkten Kontakt mit der Heizmatte haben. Natürlich müssen Sie die Spinnen ihrem Wachstum entsprechend in größeren Behältern unterbringen. Meine Spinnen wechseln aus den 60-ml-Döschen in kleine quadratische Glasterrarien mit einer Kantenlänge von 12 cm. Diese Behälter bieten den Jungspinnen genügend Raum für ihre nächsten Lebensmonate.
Die Wachstumsrate, die von Art zu Art stark variiert, bestimmt den erneuten Umzug der Tiere. Angaben über das Größenwachstum können Sie den Artbeschreibungen auf den folgenden Seiten entnehmen.

Artenteil

Bei den im Artenteil besprochenen Vogelspinnen handelt es sich überwiegend um Arten, die der Terrarianer im Zoofachhandel oder beim Züchter bekommen kann. Einige Arten sind regelmäßig und einfach zu beschaffen, andere schwieriger. Während der letzten Jahre habe ich beinahe alle genannten Arten selber gepflegt. In den anschließenden Artbeschreibungen finden Sie wichtige Informationen zur Terrarienhaltung, dem natürlichen Lebensraum, zum Verhalten des Tieres und mehr. Farbfotos unterstützen die Beschreibung der Spinne im Text und erleichtern die Artbestimmung. Am Schluß des Buches finden Sie eine Aufstellung aller bekannten Arten.

Bei der farbenprächtigen *Brachypelma auratus* handelt es sich um eine bodenlebende Art aus Mexiko.

I. Vogelspinnen aus Nord-, Mittel- und Südamerika

Aphonopelma chalcodes

Der nach oben gewölbte Carapax ist für *Aphonopelma chalcodes* charakteristisch.

Beschreibung: Die bis zu 9 cm große Aphonopelma chalcodes ist farblich sehr ansprechend gezeichnet. Die Grundfärbung der Tiere ist ein helles Braun. Auf dem Carapax und an den Beinen zeigt sich ein deutlicher goldgelber Schimmer, der die Vogelspinnen als blonde Spinnen erscheinen läßt. Der stark nach oben gewölbte Carapax ist ein charakteristisches Merkmal dieser Gattung. Die Tiere zeigen sich vom Verhalten her sehr ängstlich und flüchten schon bei der leichtesten Erschütterung. Obwohl es sich um „Bombardierspinnen" handelt, setzen die Tiere ihre Brennhaare nur selten zur Verteidigung ein.

Verbreitung und Lebensraum: Diese Art hat ein weites Verbreitungsgebiet, das sich über Arizona, Texas und Mexiko erstreckt. Die Tiere bewohnen das durch eine relativ geringe Luftfeuchtigkeit ausgezeichnete Buschland.

Pflege im Terrarium: Aphonopelma chalocodes ist in Gefangenschaft bislang noch nicht erfolgreich nachgezogen worden. Das bedeutet, daß die im Handel angebotenen Tiere durchweg Wildfangtiere sein dürften. Das Resultat sind häufige Ausfälle gerade während der Eingewöhnungsphase. Die Todesursache der semiadulten Tiere dürfte in Parasitenbefall oder einer zu hohen Luftfeuchtigkeit begründet liegen. Erst wenn die Aufzucht eigener Nachzuchten gelingt, werden aussagekräftige Informationen zur Zucht und Lebenserwartung vorliegen.

Die Temperaturen sollten tagsüber bei 24-26 °C liegen, nachts darf es auf ca. 20 °C abkühlen. Die Luftfeuchtigkeit sollte 60-70 % nicht überschreiten. Sind die Tiere einmal eingewöhnt und gesund, so fressen sie problemlos große Grillen, mittelgroße Heuschrecken und andere Futterinsekten.

Versuche, die Tiere von Hand umzusetzen, sollten von vornherein unterlassen werden. Das extrem scheue Verhalten der Vogelspinne kann nur zu leicht zu Unfällen führen. Wenn die vorstehend beschriebenen Schwierigkeiten in den Griff zu bekommen sind, handelt es sich um eine empfehlenswerte Art.

Aphonopelma seemanni – Gestreifte Guatemala-Vogelspinne

Aphonopelma seemanni **erreicht eine Länge von 8 cm und gehört damit zu den großen Arten.**

Beschreibung: Die bis zu 8 cm große Spinne ist recht ansprechend gezeichnet. Die Grundfärbung ist schwarz mit stark abgesetzten cremefarbenen Längsstreifen an allen Gliedmaßen. Die schwarze Färbung verfärbt sich kurz vor einer bevorstehenden Häutung in einen helleren Braunton. Direkt nach der Häutung zeigt sich die Spinne dann wieder in voller Pracht. Nach KLAAS (1989) liegt bei Aphonopelma seemanni ein Geschlechtsdimorphismus vor: Die Männchen sind tiefschwarz gefärbt mit goldfarbenem Carapax, ohne Streifen und mit undeutlich weißen Ringen an den Gelenken. Die Vogelspinne ist, obschon die etwas launische Art des Tieres gelegentlich als aggressiv erscheinen mag, eine wertvolle Bereicherung Ihrer Sammlung.

Verbreitung und Lebensraum: Aphonopelma seemanni lebt in den pazifischen Küstengebieten Mittelamerikas. Das Hauptverbreitungsgebiet erstreckt sich über Costa Rica, Nicaragua, Honduras, Guatemala und die südlichen Regionen Mexikos. Die Tiere graben tiefe Wohnröhren in den Urwaldboden, in denen oder vor denen sie den größten Teil ihres Lebens verbringen.

Pflege im Terrarium: Terrarien ab einer Kantenlänge von 40 cm sind für die Haltung von Aphonopelma seemanni geeignet. KLAAS (1989) empfiehlt eine dicke Bodenschicht aus fester Rasenerde. Geben Sie sich bei der Dekoration des Terrariums nicht zu viel Mühe. Aphonopelma seemanni ist dafür bekannt, daß sie alles, was nicht niet- und nagelfest ist, umgestaltet. Selbst noch relativ junge Spinnen erfreuen sich an ihrer „Hausarbeit".

Das Futter sollte sich möglichst abwechslungsreich aus Heimchen, Grillen, Motten usw. zusammensetzen. Ein kleiner Wasserbehälter ist für

die Terrarienhaltung lebenswichtig. Die Lufttemperaturen sind um 25 °C zu halten, die Feuchtigkeitswerte um 80%.
Im Regelfall ergreifen die Tiere bei Gefahr oder Belästigung eher die Flucht, als daß sie sich zur Wehr setzen. Auch aus diesem Grunde wäre das Hantieren mit der Spinne ein großer Fehler, der u. U. das Leben der Spinne kosten kann. Die Weibchen von Aphonopelma seemanni haben eine Lebenserwartung von bis zu 18 Jahren. Die Männchen werden im Alter von 2 bis 3 Jahren geschlechtsreif.
Es ist nicht ganz einfach, diese Art zur Paarung zu bringen, da sich die Tiere außerhalb ihrer gewohnten Umgebung nervös und aggressiv verhalten. Ist die Paarung jedoch erfolgreich verlaufen, so stellen sich im allgemeinen keine weiteren Schwierigkeiten ein. Hat das Weibchen den Kokon erst einmal gelegt, so bewacht es ihn während der etwa 8-10wöchigen Entwicklungsphase nahezu ununterbrochen. Die frisch geschlüpften Jungspinnen sind wie bei vielen anderen Vogelspinnenarten rosa gefärbt und haben schwarze Beine. Die kleinen Spinnen beginnen direkt nach der ersten Häutung außerhalb des Kokons, Nahrung aufzunehmen. Die Jungspinnen wachsen schnell heran und färben sich im Alter von 6-10 Monaten um.
Aphonopelma seemanni erfreut sich großer Beliebtheit in Züchterkreisen, doch konnte die Spinne die Popularität der Rotknievogelspinne nicht erreichen.
In erster Linie ist das sicher auf das etwas launische Verhalten des Tieres zurückzuführen. Der Umgang mit dieser Vogelspinne ist nicht ganz einfach, so daß die Art für Anfänger nicht geeignet ist.

Avicularia avicularia – Rotfußvogelspinne

Beschreibung: Die mit 7 cm ausgewachsenen Tiere sind intensiv schwarz gezeichnet. Nur die bei den Weibchen rosafarbenen und bei den Männchen eher roten Fußspitzen stehen im Kontrast zu der samtartigen, schwarzen und dichten Behaarung. Die Jungtiere sind genau entgegengesetzt gezeichnet. Sie haben eine rosa Grundfärbung mit schwarzen Füßen. Avicularia avicularia ist eine sehr hübsche und friedliebende Vogelspinnenart, die ich nicht in meinem Tierbestand missen möchte. Eine Besonderheit von Avicularia avicularia ist ihre Fähigkeit, aus dem Stand heraus bis zu 30 cm weit zu springen.

Verbreitung und Lebensraum: Avicularia avicularia hat ein großes Verbreitungsgebiet, das sich über weite Teile Brasiliens, die Guayanas und Trinidad erstreckt. Die baumlebenden Tiere halten sich gerne in Bananen- und Ananasplantagen auf. Als Kulturfolger finden sich die Vogelspinnen auch relativ häufig an den Gebäuden.

Pflege im Terrarium: Avicularia avicularia benötigt als baumlebende Spinne ein ca. 40 cm hohes Terrarium, in dem Wurzeln und Rindenstücke wichtige Einrichtungsgegenstände sind und der Befestigung der Netze dienen. Die Vogelspinnen bauen röhrenförmige Netze, die extrem fest gewebt sind, so daß eine scharfe Schere erforderlich ist, um sie, z. B. zur Erleichterung des Schlupfes von Jungtieren, zu öffnen.
Das Terrarium für diese Vo-

gelspinnenart muß nicht mit einem Wasserteil ausgestattet sein. Die Tiere beziehen ihre Flüssigkeit aus dem täglichen Übersprühen des Terrariums. Durch Sprühen können Sie zusätzlich die Luftfeuchtigkeit regulieren, die für Avicularia avicularia zwischen 80 und 90% liegen sollte. Avicularia avicularia reagiert besonders empfindlich auf zu geringe Feuchtigkeitswerte, und so gehen von 10 Todesfällen voraussichtlich 9 auf das Konto der Austrocknung. Die Temperaturen sollten für die Pflege dieser Vogelspinnen zwischen 25 und 28 °C am Tag und um 24 °C in der Nacht liegen.
Als Futter nimmt Avicularia avicularia besonders gerne fliegende Insekten, doch werden auch Grillen und halbwüchsige Heuschrecken gefressen. Am liebsten erbeuten die Tiere jedoch große Motten.
Es ist nicht schwer, Avicularia avicularia nachzuzüchten. Etwa 10 Wochen nach der Kopulation baut das Weibchen einen Kokon, der ca. 200 Eier enthält. Die Tiere legen ihren Kokon in ihrer Wohnröhre ab und bewachen ihn dort mit größter Wachsamkeit bis zum Schlupf der Jungspinnen. Die Jungspinnen schlüpfen nach ca. 10-12 Wochen. Ihre Aufzucht ist

Die baumlebende Rotfußvogelspinne ist in Südamerika weit verbreitet.

bei ausreichender Futterversorgung mit kleinen Drosophila problemlos möglich.
Weitere häufiger importierte Vogelspinnen der Gattung Avicularia sind **Avicularia metallica** und **Avicularia versicolor.**
Avicularia metallica ist in Mittelamerika und Südamerika bis nach Ecuador verbreitet. Sie sieht der Nominatform sehr ähnlich, wird aber mit einer Gesamtlänge von 8 cm ein wenig größer. Frisch gehäutete Tiere zeigen die namengebende metallisch-blauschwarze Färbung. Jungtiere sind mit ihren rotschwarz-gemusterten Abdo-

Die Jungtiere von *Avicularia metallica* sind besonders hübsch gezeichnet.

Avicularia avicularia als semiadultes Tier.

Semiadultes Exemplar von *Avicularia versicolor.*

men besonders hübsch anzusehen.

Avicularia versicolor ist auf der Karibikinsel Martinique beheimatet. Sie wird bis zu 6 cm groß und zeigt wie die beiden zuvor genannten Arten ebenfalls eine schwarze bis blauschwarze Grundfärbung. Ihr fehlt jedoch die rote Färbung an den Füßen, die Avicularia avicularia und Avicularia metallica aufweisen. In der Jugend ist Avicularia versicolor durch eine bläuliche Querbänderung auf dem schwarzen Abdomen recht kontrastreich gefärbt.

An die Terrarienhaltung stellen die drei genannten Arten ähnliche Ansprüche, so daß hier auf die Pflegehinweise bei Avicularia avicularia verwiesen wird.

Brachypelma albopilosa – Honduras-Kraushaarvogelspinne

Beschreibung: Diese Art ist aus verschiedenen Gründen mein Favorit unter den Vogelspinnen. Mir gefällt ihre Lebhaftigkeit, ihre Futtergier, ihr nicht aggressives Verhalten und ihre Schönheit.

Zu einer dunkelbraunen Färbung zeigt die bis 8 cm große Kraushaarvogelspinne eine pink- bis orangefarbene Behaarung auf dem Abdomen und den Beinen. Aufgrund der stark gebogenen Spitzen wirken die Haare kraus und struppig. Die Haare auf dem Hinterleib können abgestrichen und einem Angreifer entgegengeschleudert werden („Bombardierspinne"), was zu Reizungen der Schleimhäute führen kann, zum Beispiel in den Atemwegen.

Verbreitung und Lebensraum: Brachypelma albopilosa besitzt eine weite Verbreitung in Honduras und Costa Rica. Ihr Lebensraum ist der Regenwald.

Pflege im Terrarium: Bei der Terrarienhaltung ist auf eine hohe Luftfeuchtigkeit

***Brachypelma albopilosa* eignet sich gut für die Terrarienpflege.**

Das „krause" Haar an den Gliedmaßen verhalf *Brachypelma albopilosa* zu ihrem populären Namen.

um 80% relativer Feuchte zu achten. Die Lufttemperaturen sollten tagsüber um 26 °C und nachts um 20 °C liegen. Das mindestens 20 x 30 x 30 cm große Terrarium sollte mit einer etwa 5 cm hohen Bodenschicht aus Blumenerde gefüllt werden, die ständig leicht feucht zu halten ist. Hierbei kann es hilfreich sein, ein wenig Sphagnum (Torfmoos) in das Substrat einzuarbeiten. Im lockeren Bodensubstrat legt die Vogelspinne ihre Wohnhöhlen an. Eine Bepflanzung des Terrariums mit kleinen Rankenpflanzen (Scindapsus) ist möglich. Eine Schale mit Frischwasser darf nicht fehlen. Brachypelma albopilosa ist einfach zu füttern und nimmt mittelgroße Insekten wie Heimchen und Grillen an.

Die Zucht der Kraushaarvogelspinne gelingt mittlerweile regelmäßig. Der beste Zeitpunkt für einen Zuchtversuch liegt etwa 2 Wochen nach der Häutung des Weibchens. In der Regel gelingt es dem hinzugesetzten Männchen schnell, das Weibchen zur Kopulation zu bewegen. Einige Wochen nach der Paarung baut das Weibchen eine Höhle für die Eiablage. Der

Kokon kann bis zu 500 Eier enthalten. Die Jungspinnen schlüpfen bei Temperaturen um 26 °C nach vier bis fünf Wochen. Nun ist es an der Zeit, das Muttertier aus dem Terrarium zu entfernen, da es die Jungspinnen als Futter auffaßt. Die frisch geschlüpften Spinnen können noch für einige Wochen zusammen aufgezogen werden, wenn ausreichend Futter angeboten wird und das Aufzuchtbecken für alle Spinnen genügend Versteckplätze aufweist.

Als Futter reichen wir anfangs Drosophila und mit zunehmendem Wachstum größere Insekten.

Brachypelma albopilosa ist eine schnellwüchsige Vogelspinne, die ihre Geschlechtsreife bereits nach knapp zwei Jahren erreicht. Die Männchen werden nicht viel älter als zwei Jahre, die Lebenserwartung der Weibchen beträgt dagegen bis zu 12 Jahren.

Weibchen von *B. albopilosa* werden deutlich älter als Männchen.

Brachypelma emilia

Beschreibung: Die bis zu 7 cm große Brachypelma emilia ist sehr ansprechend gezeichnet. Das in der Grundfärbung mahagonibraune Abdomen ist von zahlreichen längeren roten Haaren besetzt. Der Carapax zeigt im Augenbereich ein deutlich dunkelbraun abgesetztes dreieckiges Muster. Der übrige Teil ist cremig rosa gefärbt. Die Beine sind in ihrer Grundfärbung schwarz, Tibia und Metatarsus sind aufgrund einer entsprechenden Behaarung leuchtend orange gefärbt. Wie alle Brachypelma-Arten ist auch Brachypelma emilia eine „Bombardierspinne".

Verbreitung und Lebensraum: Diese Vogelspinne ist über ganz Mittelamerika von Mexiko bis Panama verbreitet. Die Tiere leben in den Trockenzonen dieser Region, die dennoch als Mikroklima Luftfeuchtigkeitswerte von etwa 65 % aufweisen.

Pflege im Terrarium: Bei Brachypelma emilia handelt es sich um eine bodenlebende Vogelspinne, die auch im Terrarium entsprechende Bedingungen vorfinden sollte.

Trotz ihres Vorkommens in wüstenähnlichen Gebieten ist ein Bodengrund aus Sand ungeeignet. Die Tiere sind auf einer etwa 8 cm hohen Schicht aus Vermiculit und Spaghnum-Moos oder auf Torf bestens aufgehoben. Ein kleines Wasserbecken und ein Korkrindenstück als Unterschlupf komplettieren die Einrichtung. Tagestemperaturen um 25 °C (nachts 20 °C) und eine Luftfeuchtigkeit von 70 % haben sich bei der Pflege von Brachypelma emilia bewährt. Die Fütterung ist mit großen Grillen und halbwüchsigen Heuschrecken kein Problem.

Es hat sich herausgestellt, daß Brachypelma emilia nicht dem sonst üblichen Häutungszyklus erwachsener Vogelspinnen unterliegt. Bei mehreren Tieren hat sich gezeigt, daß die Häutungsintervalle im Alter bei über 2 Jahren liegen.

Es ist nicht schwierig, die Tiere zur Paarung zu bringen. Das Problem, das nach der Paarung auftreten kann, ist die Aggressivität des Weibchens gegenüber dem Männchen. Nicht selten entrinnt das Männchen nur mit Hilfe des Pflegers dem Tod.

Etwa 8 Wochen nach der Paarung beginnt Brachypelma emilia mit der Herstellung des Kokons, was sich durch eine umfangreiche Grabetätigkeit ankündigt. Der Kokon kann mehrere hundert Eier enthalten. Nach KLAAS (1989) schlüpfen die Jungtiere bei einer Zeitigungstemperatur von 25 °C nach etwa 10 Wochen. Sie sind anfangs 5 mm groß und können mit kleinen Drosophila aufgezogen werden.

***Brachypelma emilia* zeigt mitunter ein „launisches" Verhalten und sollte daher grundsätzlich nicht in die Hand genommen werden.**

Brachypelma emilia ist, wie auch alle anderen Vogelspinnen, kein „Kuscheltier" und sollte grundsätzlich nicht in die Hand genommen werden. Die Tiere zeigen häufig ein recht launisches Verhalten und sind aggressiv. Sie können und werden auch von Zeit zu Zeit zubeißen, insbesondere bei Belästigung.

Brachypelma mesomelas – Rotbeinvogelspinne

Beschreibung: Brachypelma mesomelas ist eine überwiegend dunkelbraun bis schwarz gezeichnete Vogelspinne. Besonders an den Beinen trägt die Spinne sehr kräftige, rote Haare, die auch zu ihrem populären Namen geführt haben. Die Art erreicht eine Größe von 6 cm und zeichnet sich durch einen langgestreckten Carapax aus. Schon bei kleinen Störungen wird die Abdominalbehaarung abgestreift („Bombardierspinne").

Die Ernährung dieser Vogelspinne ist gelegentlich nicht ganz unproblematisch. Es kommt vor, daß die Spinne angebotenes Futter über lange Zeit ignoriert. Wichtig ist zudem der Wasserbehälter. Sicherlich liegt die Ursache einiger Todesfälle in der Austrocknung der Tiere begründet. Die Lebenserwartung dieser Spinne liegt etwa bei 12 Jahren.

Verbreitung und Lebensraum: Brachypelma mesomelas bewohnt die tropischen Regenwälder Costa Ricas (Monte-Verde-Region), wo sie in sehr tiefen unterirdischen Wohnröhren lebt.

Pflege im Terrarium: Brachypelma mesomelas pflegen wir in ca. 30 x 30 x 20 cm großen Terrarien bei Temperaturen von 23-25 °C und hoher Luftfeuchtigkeit (80 % relative Feuchte). Eine Bepflanzung mit rankenden Gewächsen (Ficus repens, Scindapsus) ist möglich. Der Bodengrund kann aus Blumenerde bestehen, die wir

Die 6 cm große *Brachypelma mesomelas* bewohnt die tropischen Regenwälder Costa Ricas.

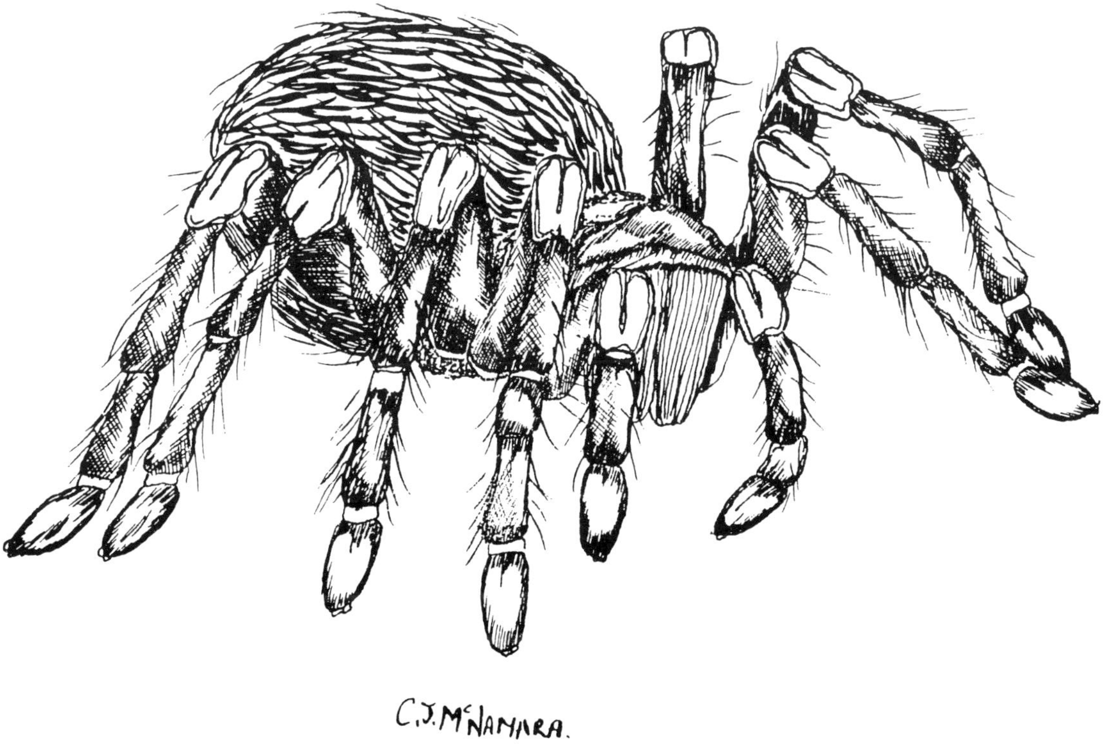

Im Umgang mit *Brachypelma mesomelas* ist zu beachten, daß die Art zu den Bombardierspinnen zählt und ihre Abdominalbehaarung schon bei kleinen Störungen abstreift.

mit einer Laubschicht (ca. 3-4 cm hoch) abdecken. Als Futter werden Insekten bis zur Heimchengröße angenommen.

Diese Art wurde in den Handel gebracht, um von der gefährdeten Brachypelma smithi abzulenken. Leider ohne Erfolg. Zwar ähnelt Brachypelma mesomelas der Rotknie-Vogelspinne sehr, doch ist sie im Gegensatz zu dieser aggressiver.

Außerdem muß ich sagen, daß sich meine Tiere als äußerst heikel erwiesen haben. Nicht selten sterben die Spinnen aus unerklärlichen Gründen schon nach relativ kurzer Zeit im Terrarium ab. Trotz bestmöglicher Unterbringung und unter Berücksichtigung aller Informationen, die über den Lebensraum dieser Art vorliegen, habe ich noch kein Jungtier über das Jugendstadium hinaus am Leben erhalten können. Zum Glück haben andere Liebhaber inzwischen schon erste Nachzuchterfolge erzielen können.

Die Paarung von Brachypelma mesomelas ist bereits mehrfach gelungen, so daß hier keine großen Probleme zu erwarten sind.

Deutlich schwieriger ist die Aufzucht der Jungspinnen. Nicht selten stirbt ein hoher Prozentsatz noch im Jugendstadium ab. Die Spinnenbabys sind beim Schlupf schon 1 cm groß und erinnern mit ihrer rosa Grundfärbung und ihrem schwarzen Abdomen in keiner Weise an die Elterntiere.

Brachypelma mesomelas ist eine Schönheit unter den Vogelspinnen.

Brachypelma smithi – Mexikanische Rotknievogelspinne

Was kann man noch über diese Spinne sagen, was noch nicht gesagt worden ist? Brachypelma smithi verdeutlicht jedermanns Vorstellung von einer Vogelspinne: groß, behaart und farblich sehr ansprechend. Diese Attribute haben dazu geführt, daß Brachypelma smithi unter Spinnenfreunden die beliebteste Vogelspinne geworden ist. Leider mit dem Ergebnis, daß die Tiere in ihrer Heimat zum einen durch die Vernichtung zahlreicher Biotope, zum anderen aber auch durch zu starkes Abfangen stark dezimiert wurden. Schutzmaßnahmen sind ergriffen worden, und somit ist Brachypelma smithi die erste Vogelspinnenart, die in das Washingtoner Artenschutzabkommen (Anhang II) aufgenommen wurde. Das bedeutet, daß die Tiere ohne entsprechende Genehmigungen nicht mehr gehandelt werden dürfen (Cites).

Brachypelma smithi

Beschreibung: Die Grundfärbung dieser schönen, bis zu 8 cm großen, bodenlebenden Vogelspinne ist schwarz oder dunkelbraun. Auf dem dunklen Untergrund des Abdomens sorgen zahlreiche rote oder orangerote Haare für kleine Farbakzente. Die dunkle Färbung des Carapax ist an den Rändern cremefarben eingefaßt. Die Beine sind farblich besonders ansprechend gezeichnet und tragen eine aus orange, cremefarbenen und rehbraunen Tönen bestehende Querbänderung, die auf dem schwarzen Untergrund kontrastreich zur Geltung kommt.

Verbreitung und Lebensraum: Brachypelma smithi kommt in weiten Teilen Mexikos, teilweise in hoher Individuenzahl, vor.

Pflege im Terrarium: Für Brachypelma smithi eignen sich Terrarien ab einer Grundfläche von 40 x 30 cm mit einem 5-10 cm tiefen Bodengrund aus Vermiculit oder Blumenerde. Das Substrat ist leicht feucht zu halten. Zwei oder drei gebogene Zierkorkrindenstücke bieten der Spinne ausreichende Unterschlupfmöglichkeiten. Die Lufttemperatur sollte bei 25-27 °C liegen (nachts 20 °C), die Luftfeuchtigkeit zwischen 70 und 80 %.

Die Ernährung von Brachypelma smithi ist nicht immer ganz unproblematisch, da sich einige Exemplare recht

Jungtiere von *Brachypelma smithi* sind zunächst unscheinbar gefärbt.

Die mexikanische Rotknievogelspinne steht unter Artenschutz (WA II).

***Brachypelma smithi* sollte nur in Ausnahmefällen in die Hand genommen werden.**

wählerisch zeigen. Die meisten Tiere nehmen große Grillen und halbwüchsige Heuschrecken ohne zu zögern an, doch gibt es Ausnahmen, die z. B. bevorzugt große Motten fressen oder Heuschrecken grundsätzlich verweigern. Für alle Tiere gilt, daß sie bezüglich der Nahrungsaufnahme etwas heikel sein können, und nicht selten nehmen die Spinnen über einen langen Zeitraum kein Futter zu sich. Ein Wasserbehälter sollte ständig angeboten werden.

Da die Spinnen in ihrem Bestand gefährdet sind, erscheinen konsequent eingehaltene Zuchtprogramme für die Arterhaltung immens wichtig. Fortschritte wurden gemacht, und es besteht die Hoffnung, daß durch das Angebot an Nachzuchttieren das skrupellose Abfangen der Biotope ein Ende haben wird. Brachypelma smithi wird inzwischen regelmäßig nachgezogen, doch muß gesagt werden, daß die Tiere zwar leicht zu verpaaren sind, doch die Ablage des Kokons nicht immer erfolgt. Bei der Zucht

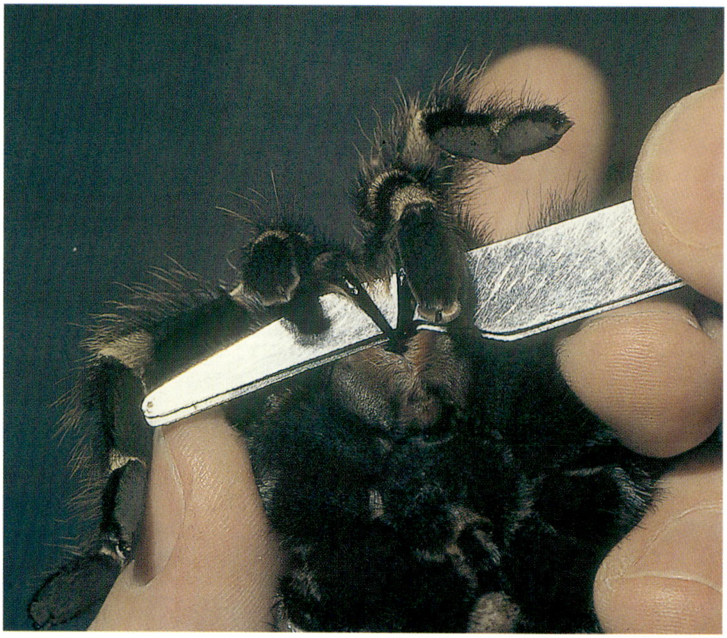

Beim Anblick der langen Chelizerenklauen wird deutlich, daß *Brachypelma smithi* schmerzhaft zubeißen kann.

von Brachypelma smithi muß beachtet werden, daß die Weibchen ihren Kokon nur zu einer bestimmten Jahreszeit, und zwar im Frühjahr, produzieren. Findet die Paarung z.B. im Spätsommer oder Herbst statt, so ist frühestens im März oder April des folgenden Jahres mit der Fertigstellung des Kokons zu rechnen. Die Weibchen haben also die Möglichkeit, den Samen der Männchen über einen langen Zeitraum hinweg zu speichern. Häutet sich das Weibchen jedoch in dem Zeitraum zwischen Paarung und der voraussichtlichen Produktion des Kokons, so wird das Tier keine Eier abgeben, und es muß eine neue Paarung erfolgen.

Hat das Weibchen einen Kokon, der bis zu 1.000 Eier enthalten kann, fertiggestellt, so wird es sich sorgsam um den Nachwuchs kümmern. Die Jungspinnen benötigen für die Entwicklung innerhalb des Kokons bei einer Zeitigungstemperatur von 24 °C etwa 10 bis 16 Wochen. Zum Zeitpunkt des Schlupfes sind die Spinnen mit 5 mm Gesamtlänge noch sehr klein.

Brachypelma smithi ist, wie bislang bekannt, die langlebigste Vogelspinnenart überhaupt. Einige Weibchen haben ein Alter von 30 Jahren

Die kahle Stelle am Abdomen zeigt häufig eine bevorstehende Häutung an.

Weibchen von *Brachypelma smithi* können ein Alter von 30 Jahren erreichen.

Brachypelma smithi, **die Mexikanische Rotknievogelspinne.**

erreicht. Dementsprechend langsam wachsen die Jungspinnen heran, und die Männchen sowie die Weibchen erreichen ihre Geschlechtsreife erst im Alter von ca. 5 Jahren.

Während der letzten Jahre wurden vielen Vogelspinnenfreunden Informationen übermittelt, die Brachypelma smithi als besonders friedfertig und auch problemlos in die Hand zu nehmen ausweisen. Doch Vorsicht: Für einige Exemplare treffen diese Angaben keinesfalls zu, und so kann sich auch Brachypelma smithi durchaus als aggressiv darstellen. Im Regelfall zeigen sich die Aggressionen zunächst darin, daß die Tiere der Bezeichnung „Bombardierspinne" alle Ehre machen und ihre Abdominalbehaarung dem potentiellen Angreifer entgegenschleudern. Es ist äußerste Vorsicht geboten, da die feinen Härchen Hautausschlä-

Brachypelma vagans – Schwarzrote Vogelspinne

Brachypelma vagans **verhält sich wenig aggressiv.**

ge, Reizhusten und Schwellungen der Schleimhäute verursachen können. Gelangen sie erst einmal in die Augen, so können unangenehme Infektionen die Folge sein. Erzielt die Spinne durch ihre Abwehrmaßnahme keinen Erfolg, so wird sie sich dem Angreifer zum Kampf stellen.

Beschreibung: Die bis zu 8 cm große Brachypelma vagans ist eine meiner Lieblingsspinnen. Die Grundfärbung der Tiere ist schwarz und läßt einen samtartigen Eindruck entstehen. Das Abdomen ist mit einer roten Behaarung überzogen, und die Ränder des Carapax sind cremefarben abgesetzt. Auch das Verhalten dieser ansprechend gezeichneten Spinne ist keinesfalls als aggressiv zu bezeichnen, sondern eher als ausgewogen und relativ friedlich, obwohl sie eine „Bombardierspinne" ist.

Verbreitung und Lebensraum: Brachypelma vagans

Brachypelma vagans bewohnt ein weites Verbreitungsgebiet von Mexico bis nach Honduras. Sie wird bis zu 8 cm groß, die Weibchen erreichen ein Alter von etwa 15 Jahren.

hat ein weites Verbreitungsgebiet, das sich von Mexiko bis nach Guatemala und Honduras erstreckt. Die Tiere sind bodenlebend und graben sehr tiefe Höhlen ins Erdreich.

Pflege im Terrarium: In Terrarien ab einer Kantenlänge von 40 cm sollten die Lufttemperaturen bei 21-26 °C liegen, die Luftfeuchtigkeit um 75 %. Obschon die Tiere im natürlichen Lebensraum ausgedehnte Höhlen anlegen, bedeutet das nicht, daß sich das im Terrarium genauso verhält. Ein ca. 10 cm tiefer Bodengrund aus Vermiculit, Blumenerde oder einem Torf-Sandgemisch reicht aus, um den Tieren die Möglichkeit zum Graben zu geben. Die Spinne kann sich durchaus schnell fortbewegen, doch zeigt sie auch in Gefahrensituationen nur selten Aggressivität. Die Fütterung bringt keine Probleme mit sich, die Tiere fressen alle üblichen Futterinsekten. Besonders wichtig ist auch für diese Art ein kleiner Frischwasserbehälter.

Terrarienanlage für Vogelspinnen.

Die Zucht ist einfach. Schon vier Wochen nach der Kopulation baut das Weibchen einen Kokon mit ca. 300 Eiern. KLAAS (1989) weist darauf hin, daß das Gelege bei zu hoher Luftfeuchtigkeit (ab 75%) leicht verpilzt. Die Muttertiere bewachen ihren Kokon ununterbrochen und aufmerksam bis zum Schlupf der Jungspinnen nach etwa neun Wochen. Die kleinen Spinnen wachsen während des ersten Lebensjahres schnell heran, danach verlangsamt sich die Wachstumsrate. Im Alter von etwa 6 Monaten färben sich die Jungspinnen um und zeigen die Färbung der erwachsenen Tiere. Die Weibchen haben eine Lebenserwartung von etwa 15 Jahren, die Männchen werden im Alter von 2 Jahren geschlechtsreif.

Alles in allem ist Brachypelma vagans ein empfehlenswerter, recht ansprechender und auch vom Verhalten her interessanter Terrarienpflegling, der jedem Vogelspinnenliebhaber Freude bereitet.

Die Bezeichnung „schwarz-rote" Vogelspinne für *Brachypelma vagans* ist treffend gewählt.

Aus den Spinnwarzen tritt die Spinnseide aus, mit der *Brachypelma vagans* ihre Wohnröhre und andere Einrichtungsgegenstände auskleidet.

Citharacanthus crinirufus

Beschreibung: Bei Citharacanthus crinirufus handelt es sich um eine überwiegend blaugraue Vogelspinne mit einem braunen Abdomen und cremefarbenen Bändern an den Gelenken. Die Cheliceren weisen deutliche, blau ausgefärbte Bereiche auf. Es handelt sich um eine kleine Vogelspinnenart, die als relativ aggressiv gilt. Von meinem Weibchen kann ich die Aggressivität jedoch nicht bestätigen. Es hat niemals Anzeichen eines derartigen Verhaltens gezeigt.

Verbreitung und Lebensraum: Diese Art bewohnt Savannenwälder mit ausgeprägten Trockenzonen in Costa Rica (Puntarenas, Guanacaste).

Pflege im Terrarium: Für diesen Regenwaldbewohner sollten die Feuchtigkeitswerte bei über 80% relativer Feuchte liegen, die Temperaturen tagsüber um 25 °C. Nachts kann es auf etwa 20-22 °C abkühlen.

Citharacanthus crinirufus **verhält sich häufig aggressiv.**

Für die Terrarienhaltung benötigt Citharacanthus crinirufus einen möglichst hohen Bodengrund, den sie nach eigenem Empfinden gestalten wird. Auf einen Wasserteil kann nicht verzichtet werden. Ein ideales Futter sind mittelgroße Heimchen und Motten.

Die Handhabung der Spinne sollte, wenn überhaupt, nur mit größter Vorsicht geschehen.

Mein Exemplar hat sich zwar immer sehr friedlich verhalten, doch gilt diese Art grundsätzlich als eher unberechenbar.

Citharacanthus longipes

Beschreibung: Die Grundfärbung dieser Spinne ist ein blasses Braunbeige, das zur Körperunterseite in einen Orangeton übergeht. Die übliche Körperhaltung des Tieres besteht aus einer Angriffsstellung. Damit ist zum Thema „Anfassen" und „Hantieren im Terrarium" nichts weiter zu sagen, als daß äußerste Vorsicht geboten ist! Die Lebenserwartung dieser Spinne liegt bei etwa 10-12 Jahren.

Verbreitung und Lebensraum: Citharacanthus longipes wurde von Mexiko über Guatemala bis nach Costa Rica gefunden. Hier leben die Tiere in den unterschiedlichsten Biotopen.
Pflege im Terrarium: Eine Luftfeuchtigkeit von 75% und Temperaturwerte zwischen 21 und 25 °C dürften für die Tiere am geeignetsten sein. Das Terrarium sollte eine Kantenlänge von 30 cm aufweisen. Auf einen kleinen Wasserbehälter darf nicht verzichtet werden. Die Spinne ernährt sich am liebsten von mittelgroßen Insekten.
Diese kleinbleibende Art ist durchaus als aggressiv zu bezeichnen. Die Spinne geht schon aus unerklärlichen Gründen in Abwehrhaltung. Mit hoch erhobenen Fängen, immer bereit zum Angriff, verharrt das Tier oftmals mehrere Stunden in dieser Position.
Über das Paarungsverhalten und über die Aufzucht von Jungtieren liegen mir bislang keine Informationen vor.

Die Zeichnung verdeutlicht die Angriffsstellung, die *Citharacanthus longipes* mitunter stundenlang zeigt.

Cyclosternum fasciata

Beschreibung: Oft wurden in der Vergangenheit Cyclosternum fasciata und Metriopelma zebrata miteinander verwechselt und einer Art zugewiesen. Fest steht inzwischen, daß es sich um zwei Arten handelt. Das Hauptunterscheidungsmerkmal sind die Schienbeinhaken der Männchen, die bei Cyclosternum fasciata vorhanden sind und bei Metriopelma zebrata nicht.
Cyclosternum fasciata ist eine sehr hübsche und mit einer Körperlänge von 4 cm auch sehr kleine Vogelspinne. Besonders auffällig ist die Zeichnung des Abdomens, das kontrastreich orangerot und schwarz quergebändert ist. Der Carapax zeigt eine orangebraune Färbung, die Beine sind schwarz.
Verbreitung und Lebensraum: Die Tiere stammen aus Costa Rica, wo sie den tropischen Regenwald bewohnen. Die Feuchtigkeitswerte liegen im natürlichen Lebensraum bei über 80% und die Temperaturen im Mittel zwischen 23 und 26 °C.
Pflege im Terrarium: Cyclosternum fasciata ist eine bodenlebende Vogelspinne, die ihre selbst gegrabenen Höhlen sorgfältig und fest mit einem Seidengespinst auskleidet.
Das Terrarium mit einer Größe von ca. 30 x 20 x 30 cm (Breite x Tiefe x Höhe) sollte mit einem Bodengrund aus Blumenerde ausgestattet werden. Eine lockere Schicht

Mit einer Länge von 4 cm gehört *Cyclosternum fasciata* zu den kleinen Vogelspinnen.

trockenen Eichenlaubes ist zusätzlich zu empfehlen. Die Ernährung der Tiere bereitet keine Probleme, solange kleine bis mittelgroße Insekten angeboten werden. Ein kleiner Wasserteil ist unbedingt erforderlich.

Die Zucht von Cyclosternum fasciata bereitet keine besonderen Schwierigkeiten, und so sind in regelmäßigen Abständen Jungspinnen zu bekommen. Die Spinnenbabys sind sehr klein, doch wachsen sie schnell heran und zeigen auch schon früh die Färbung der erwachsenen Tiere.

Dugesiella hentzi

Beschreibung: Die um 5 cm großen Tiere zeigen eine tiefbraune Grundfärbung mit einem rötlichen Carapax. Die Beine sind braunschwarz gezeichnet. Dugesiella hentzi ist eine bodenlebende Vogelspinne, die sich durch ein sehr temperamentvolles Wesen auszeichnet. Die Tiere sind durchaus als aggressiv zu bezeichnen und sollten daher keinesfalls in die Hand genommen werden.

Verbreitung und Lebensraum: Diese Art ist in Texas, Arizona und Oklahoma weit verbreitet. Während der Paarungszeit kann man die Männchen dabei beobachten, wie sie auf der Suche nach einem Weibchen am Rande des Highways entlanglaufen. Die Biotope liegen in wüstenähnlichen Buschlandschaften, wo die Feuchtigkeitswerte aufgrund von Taubildung in Bodennähe bei 70% liegen und die Temperaturen bei 30 °C am Tag. Eine starke nächtliche Abkühlung ist für diesen Lebensraum typisch.

Pflege im Terrarium: Dugesiella hentzi ist in einem Terrarium für bodenlebende Spinnen zu pflegen. Das Terrarium sollte mit einer etwa 8 cm hohen Schicht eines Torf-Sand-Gemisches aufgefüllt werden. Eine röhrenförmige Korkrinde ist als Unterschlupf anzubieten. Die Luftfeuchtigkeit und die Temperaturen sind entsprechend den Klimabedingungen im Lebensraum zu wählen. Dugesiella hentzi ist eine der Vogelspinnenarten, die besonders häufig von Vogelspinnenwespen attackiert werden. Aus diesem Grunde können Wildfänge parasitierende Schlupfwespenlarven aufweisen. Durch die Anschaffung von Nachzuchttieren kann diesem Risiko vorgebeugt werden.

Die 5 cm große *Dugesiella hentzi* ist in Texas, Arizona und Oklahoma weit verbreitet.

Eurypelma caniceps

Beschreibung: Die Grundfärbung der Spinne ist braunschwarz. Besonders ansprechend ist der goldfarbene Carapax, der bei entsprechendem Lichteinfall einen sehr schönen metallischen Glanz zeigt. Eurypelma caniceps bewegt sich sehr langsam, und jeder Schritt scheint wohlüberlegt.

Verbreitung und Lebensraum: Eurypelma caniceps ist eine nordamerikanische

Vogelspinne, die in der „Big-Bend-Region" Texas zu finden ist. Die Lebensräume erstrecken sich über die weiträumigen, mit kleinwüchsigen Bäumen oder Büschen bestandenen Landschaftsgürtel des Landes.

Pflege im Terrarium: Ein Terrarium ab einer Kantenlänge von 40 cm ist für diese mittelgroße Vogelspinne geeignet. Für die Pflege von Eurypelma caniceps sollten Temperaturen von 26 °C am Tag (nachts um 20 °C) und Feuchtigkeitswerte um 75 % gewährleistet sein. Die Tiere sind nahezu immer hungrig und machen Jagd auf alles, was sich in ihrer Nähe bewegt. Die Fütterung wirft damit keinerlei Probleme auf. Um den Flüssigkeitsbedarf der Spinnen zu decken, ist ein kleiner Wasserbehälter im Terrarium zu integrieren. Eurypelma caniceps ist eine recht aggressive Vogelspinne, so daß der Umgang mit dieser Spinne nur mit größter Vorsicht erfolgen darf.

Zur Zucht ist bislang nur wenig bekannt. Spinnenbabys dieser Art wurden erstmals 1986 (nach GB) eingeführt. Die Aufzucht der Jungspinnen verläuft problemlos, doch wachsen die Tiere sehr langsam heran, so daß erst seit kurzer Zeit geschlechtsreife Tiere zur Zucht bereitstehen und diesbezüglich noch keine fundierten Erfahrungswerte vorliegen. Eine regelmäßige Nachzucht von Eurypelma caniceps ist zukünftig sicher zu erwarten.

Grammostola cala (Farbfoto Seite 90)

Beschreibung: Vieles deutet darauf hin, daß Grammostola cala und Grammostola spatula sehr nahe miteinander verwandt sind. Beobachtungen im natürlichen Lebensraum und nachfolgende Studien im Terrarium haben aber ergeben, daß Grammostola cala und Grammostola spatula tatsächlich zwei verschiedene Arten sind. Für den ungeübten Spinnenfreund ist es nicht leicht, die beiden Arten auseinanderzuhalten. Die auf den ersten Blick ähnliche Färbung unterscheidet sich bei genauerem Hinsehen doch voneinander. Die Grundfärbung von Grammostola cala ist ein cremiges Braun. Die Behaarung an den Beinen und dem Abdomen ist blaßrosa. Der Carapax ist rosa.

Verbreitung und Lebensraum: Grammostola cala hat innerhalb Chiles ein weites Verbreitungsgebiet mit Schwerpunkten entlang der Küstenregion. Hier bevorzugen die Tiere die Regenwälder, wo sie in ihren gut ausgebauten Wohnhöhlen leben.

Pflege im Terrarium: Die Spinne gilt als relativ friedfertig und wurde, nachdem Brachypelma smithi seltener im Handel auftauchte, als ihre Nachfolgerin angesehen. Meine eigenen Erfahrungen mit Grammostola cala haben jedoch gezeigt, daß sich die Tiere durchaus nicht immer ganz friedlich verhalten. Vorsicht ist bei dem Umgang mit dieser Art geboten. Von allen „friedlichen" Arten ist Grammostola cala die am wenigsten berechenbare Vogelspinne. Meine Beobachtungen haben ergeben, daß sich Grammostola cala wesentlich umgänglicher bei niedrigeren als den oft empfohlenen hohen Temperaturen verhält. Bei Temperaturen von 21-25 °C scheint sich die Vogelspinne am wohlsten zu fühlen. Die Feuchtigkeitswerte sollten bei 70-80 % liegen. Unter diesen Bedingungen verhält sich die Spinne völlig normal, häutet sich gut und frißt gut. Die Tiere fressen gerne halbwüchsige Grillen, kleine Heuschrecken und Motten. Ein Wasserbehälter ist nötig.

Ist es nicht unbedingt erforderlich, so kann ich es nicht empfehlen, die Spinne in die Hand zu nehmen. Nur im absoluten Ausnahmefall sollten Sie es in Erwägung ziehen, die Spinne auf der flachen Hand zu transportieren.

Die Zucht ist schon mehrfach gelungen, und die Jungspinnen schlüpfen nach etwa 6-10 Wochen aus dem Kokon. Die Spinnen sind relativ klein und zeigen eine rosa Grundfärbung mit einem schwarzen Abdomen. Sie sind nicht ganz leicht aufzuziehen und benötigen auf alle Fälle Temperaturen zwischen 25 und 27 °C. Die Lebenserwartung der Weibchen liegt bei etwa 12 Jahren. Die Männchen werden etwa im Alter von 2 Jahren geschlechtsreif.

Grammostola iheringi

Beschreibung: Grammostola iheringi ist eine recht attraktive Vogelspinne, die für den Liebhaber durchaus sehr interessant ist. Die Tiere sind überwiegend dunkelbraun gefärbt, das Abdomen weist eine lange, rote Behaarung auf. Von den Knien abwärts zeigen die Vogelspinnen eine schwache, cremefarbene Streifenzeichnung.

Verbreitung und Lebensraum: Diese brasilianische Art lebt in der Region um Taquare im Einzugsbereich des Rio Grande. Die Biotope von Grammostola iheringi liegen im tropischen Regenwald, wo die Tiere ihre Höhlen anlegen.

Pflege im Terrarium: Für die Pflege von Grammostola iheringi eignen sich Terrarien für bodenlebende Vogelspinnen, die mit einer ca. 15 cm hohen Schicht Blumenerde angefüllt werden. Einige Korkrindenstücke vervollständigen die Einrichtung. Die Luftfeuchtigkeit sollte bei 75 % liegen, die Temperaturwerte bei 21-25 °C.

Grammostola iheringi ernährt sich bevorzugt von mittelgroßen Insekten. Grillen, Heuschrecken, Motten und viele andere nicht zu große Futtertiere werden gern genommen. Selbstverständlich muß das Terrarium mit einem kleinen Wasserbehälter ausgerüstet sein. Leider liegen bezüglich der Lebenserwartung und der Fortpflanzung dieser Spinnenart noch keine aussagekräftigen Informationen vor.

Grammostola iheringi ist eine relativ kleinbleibende Vogelspinnenart, die ich in nur einem Exemplar als Jungtier besaß. Das Spinnenbaby wuchs schnell zu einem ausgewachsenen Weibchen heran. Als mir ein geschlechtsreifes Mänchen dieser Art angeboten wurde, wollte ich natürlich versuchen, die Tiere zu züchten. Leider hatte mein Weibchen kein Interesse an dem Männchen, und auch der zweite Versuch verlief erfolglos.

Ich entschloß mich dazu, einen dritten und letzten Versuch zu starten und setzte die Tiere über Nacht zusammen. Am anderen Morgen war die Überraschung groß, als sich mein Weibchen völlig unerwartet und unplanmäßig inmitten einer Häutung befand. Stellen Sie sich meine Enttäuschung vor, als, nachdem das „Weibchen" seine Häutung beendet hat, das Tier als kräftiges und verärgertes Männchen vor mir steht. Dies zeigt wieder einmal, wie wichtig eine frühe Geschlechtsbestimmung Ihrer Spinne ist, um derartige Verwechslungen auszuschließen.

Artbeschreibung Seite 88.

***Grammostola cala*-Weibchen erreichen ein Alter bis zu 12 Jahren.**

Grammostola pulchripes

Beschreibung: Grammostola pulchripes ist eine der größten Vogelspinnen überhaupt. Adulte Tiere erreichen eine Körperlänge von 11 cm, die Spannweite der Beine kann bis zu 28 cm betragen. Die Grundfärbung ist schokoladenbraun oder schwarz. An den Beinen tragen die Tiere gelblichbraune Haare. Feine gelbe Längsstreifen zeichnen die Gliedmaßen zusätzlich aus. Alte Exemplare schimmern nach KLAAS (1989) am ganzen Körper grün.

Verbreitung und Lebensraum: Grammostola pulchripes bewohnt weite Teile Süd- und Mittelamerikas. Die Tiere wurden in Argentinien, Peru, Brasilien und auch in Panama gefunden. Die Biotope liegen in den Trockensavannen dieser Regionen, wo die Luftfeuchtigkeit als Mittelwert mit 65% angegeben werden kann. Die Temperaturschwankungen sind im natürlichen Biotop recht stark, doch haben sich relativ konstante Temperaturwerte von 22-24 °C, bei leichter nächtlicher Abkühlung, für die Terrarienhaltung bewährt.

Pflege im Terrarium: Aufgrund der Größe benötigt Grammostola pulchripes geräumige Terrarien ab einer Kantenlänge von 60 cm. In Gefangenschaft zeigt sich die Spinne als rein bodenlebend. Sie gräbt sich ihre Höhlen in den Bodengrund aus Vermiculit oder Blumenerde und versteckt sich gerne im Spaghnum-Moos. Ein geräumiger Unterschlupf (Korkrinde/Holzkasten) sollte den Spinnen angeboten werden. Die Tiere fressen Insekten jeder Größe, sind aber insgesamt genügsam. Zum Trinken nutzen sie den angebotenen Wasserbehälter.

Grammostola pulchripes hat sich als sehr friedfertige Spinne gezeigt.

KLAAS (1989) berichtet von einer Aufzucht von 20 Jungtieren, die von einem importierten Weibchen stammen, das während der Flugreise einen Kokon baute. Die Jungspinnen schlüpften bereits nach 3 Wochen. Grammostola pulchripes-Weibchen können nach KLAAS ein hohes Alter von ungefähr 25 Jahren erreichen.

Grammostola spatulata

Beschreibung: Die Grundfärbung der chilenischen Grammostola spatulata ist kaffeefarben mit blaßrosa gefärbten Haaren. Der Carapax ist braun, und der für Grammostola cala beschriebene rosa Schimmer fehlt bei dieser Art.

Verbreitung und Lebensraum: Grammostola spatulata lebt in Chile und bewohnt dort die Region um Valparaiso. Die Art kommt auch in Argentinien und Bolivien vor. Im Gegensatz zu Grammostola cala gräbt Grammostola spatulata nur flache Wohnhöhlen. Sie bewohnt Biotope mit mediteranem

Die Nachzucht von *Grammostola spatulata* im Terrarium gelingt regelmäßig.

Charakter, wo die Luftfeuchtigkeit etwa 60 bis 75 % beträgt.

Pflege im Terrarium: Bei der Terrarienhaltung sollten Sie den Tieren einen Bodengrund von etwa 15 cm Tiefe anbieten. Ein Wasserbehälter muß vorhanden sein, und die Temperaturen sollten um 20 bis 22 °C liegen.

Obschon Grammostola spatulata als eine friedliche Art eingestuft wird, rate ich davon ab, die Tiere unnötig zu belästigen. Jede Berührung oder auch jedes Hantieren im Terrarium versetzt die Spinnen in eine Streßsituation. Grammostola spatulata kann ganz unterschiedlich darauf reagieren. Werden die Tiere plötzlich gestört, so nehmen sie z. B. eine Abwehrhaltung ein, bevor sie in die Gegenrichtung flüchten.

Die Lebenserwartung der Weibchen liegt bei etwa 12 Jahren. Wie auch bei Grammostola cala erreichen die Männchen ihre Geschlechtsreife im Alter von 2 Jahren.

Die Nachzucht von Grammostola spatulata ist relativ leicht möglich, und die Jungtiere sind wesentlich resistenter als die von Grammostola cala. Dementsprechend höher ist auch die Überlebensquote der Jungspinnen.

Nach der Ablage des Kokons dauert es etwa 6-10 Wochen, ehe die kleinen, rosafarbenen Vogelspinnen schlüpfen. Nur das Abdomen ist schwarz gefärbt. Geeignete Futtertiere sind für die ausgewachsenen Vogelspinnen mittelgroße bis große Grillen, kleine Heuschrecken sowie Motten und andere flugfähige Insekten.

Hapalopus incei

Beschreibung: Bei Hapalopus incei handelt es sich um eine sehr kleine und hübsche Vogelspinnenart. Die Tiere sind überwiegend braun gezeichnet und tragen auf den Beinen und dem Abdomen eine olivfarbene Behaarung. Das Abdomen zeigt eine dunkelbraune bis schwarze Querbänderung, und der Carapax schimmert im natürlichen Tageslicht in einem schönen Goldton.

Verbreitung und Lebensraum: Hapalopus incei lebt auf der Karibikinsel Trinidad, wo die Tiere recht zahlreich in der tropischen Buschlandschaft vorkommen.

Pflege im Terrarium: Die bodenlebende Vogelspinne ist schon mit einem kleinen Terrarium zufrieden. Da die Tiere stark graben, ist auf einen entsprechend hohen Bodengrund zu achten. Darin bauen sie ihre Wohnröhren und kleiden nahezu jeden Quadratzentimeter mit einer feinen Seidenschicht aus. Scheinbar ununterbrochen bauen die kleinen Spinnen an ihren großzügig ausgelegten Netzkonstruktionen. Nur kleine Öffnungen werden freigelassen, aus denen die Spinne herausschauen kann und vor denen sie auf Beute wartet. Wegen ihrer geringen Größe sollten der Vogelspinne nur kleine bis mittelgroße Futterinsekten angeboten werden. Wichtig für das Wohlbefinden der Spinne ist ein kleiner Frischwasserbehälter. Die Lufttemperatur sollte tagsüber bei 26 °C liegen, die Feuchtigkeitswerte um 80 %.

Um die Tiere in Paarungsstimmung zu bringen, ist es günstig, die Temperaturen leicht anzuheben. Die Paarung selbst verläuft problemlos, und die Jungspinnen schlüpfen schon nach etwa 3 Wochen aus ihrem Kokon. Die Spinnenbabys sind schon beim Schlupf erstaunlich

Hapolopus incei hat im Terrarium ein dichtes Bodennetz gefertigt.

groß und wachsen auch weiterhin schnell heran. Bereits im Alter von 15 Monaten werden die Tiere geschlechtsreif.
Hapalopus incei ist eine recht aggressive Vogelspinne, und obschon es sich um eine sehr kleinbleibende Art handelt, sind die Tiere nur mit größter Wachsamkeit und Vorsicht zu versorgen.

In ihrem festverwobenen Wohngespinst ist _Hapolopus incei_ nur zu erahnen.

Im Umgang mit *Hapolopus incei* ist Vorsicht angeraten, da es sich um eine aggressive Art handelt.

Lasiodora parahybana

Beschreibung: Lasiodora parahybana zählt zu den großen Vogelspinnen und ähnelt durch die gekräuselten Haare an den Beinen und am Abdomen der Honduras Kraushaarvogelspinne (Brachypelma albopilosa). Die Grundfärbung dieser Art ist, wie auch bei den anderen großen Vogelspinnen, dunkelbraun. Einen deutlichen Unterschied stellt nur die rosafarbene, gekräuselte Behaarung dar. Ausgewachsene Tiere zeigen auch auf dem Carapax einen leichten Rosa-Farbton. Besonders deutlich ist das bei den Männchen zu erkennen. Der Anblick dieser Tiere ist wunderbar, doch die Schönheit der Tiere widerspricht ihrem Temperament. Sie sind „wahre Teufel".

Verbreitung und Lebensraum: Die Vogelspinne lebt in der brasilianischen Campina Grande Region im tropischen Regenwald Südamerikas.

Pflege im Terrarium: Für diese große bodenlebende Art eignen sich Behälter ab einer Kantenlänge von 50 cm. Der Bodengrund sollte aus Vermiculit, Blumenerde oder einem Torf-Sandgemisch (¾ Torf) bestehen und etwa 15 cm hoch eingefüllt werden. Die Luftfeuchtigkeit sollte bei 80% liegen, Temperaturen von 21-25 °C sind empfehlenswert. Gefüttert werden die Tiere mit großen Insekten, wie z.B. Grillen, Heuschrecken, Schaben etc. Unentbehrlich ist ein ständiges Frischwasserangebot. Lasiodora parahybana läßt sich in Gefangenschaft gut halten, und die Tiere erreichen ein Alter von 12-15 Jahren. Zu bedenken ist, daß sich Lasiodora parahybana besonders geschickt bei Ausbruchsversuchen verhält. Scheinbar betrachtet sie es als ihr lieb-

Lasiodora parahybana **gehört zu den großen Vogelspinnen.**

stes „Hobby", und selbst schwere Abdeckungen werden von der großen Spinne aufgestemmt.

Zur Zucht dieser Art liegen keine Angaben vor, doch ist immer zu bedenken, daß es sich um sehr aggressive Tiere handelt. Selbst Wassertropfen werden beim Besprühen des Terrariums angegriffen, ebenso die Hand des Pflegers.

Metriopelma zebrata – Zebra-Vogelspinne

Beschreibung: Bei Metriopelma zebrata handelt es sich um eine recht kleinbleibende Vogelspinnenart von 4 cm Maximallänge. Die Tiere sind sehr auffallend gezeichnet. Die Grundfärbung ist ein dunkles Braun bis Schwarz. Der Carapax ist in einem kräftigen Rosa gehalten, das Abdomen ist orange und schwarz quergebändert. Schon die Jungtiere zeigen die Färbung der ausgewachsenen Vogelspinnen. Es hat sich gezeigt, daß das auffällige „Zebramuster" des Abdomens bei älteren Tieren verschwindet. Die Männchen tragen im Gegensatz zu anderen Vogelspinnenarten nicht die sonst üblichen Schienbeinhaken am vorderen Laufbeinpaar.

Hübsch und kontrastreich gefärbt zeigt sich *Metriopelma zebrata*.

Verbreitung und Lebensraum: Metriopelma zebrata ist über ganz Costa Rica weit verbreitet. Die Tiere bewohnen den tropischen Regenwald.

Pflege im Terrarium: Die Zebra-Vogelspinne ist eine begehrte Art, die, einmal eingewöhnt, ein dankbarer Terrarienpflegling ist. Die Größe des Terrariums ist mit einer Kantenlänge von 20 x 15 cm voll ausreichend und bietet genügend Raum, um zu graben, Höhlen anzulegen und Netze zu spinnen. Der Bodengrund sollte aus einem Torf-Sand-Gemisch bestehen und auf etwa 5 cm Höhe angefüllt werden. Ein kleiner Wasserteil ist unbedingt zu integrieren. Metriopelma zebrata benötigt im Terrarium Feuchtigkeitswerte von 85% bei Lufttemperaturen um 25 °C. Eine Beleuchtung des Terrariums mit Leuchtstoffröhren ist möglich, da Metriopelma zebrata nicht lichtempfindlich ist.

Bei den kleinen Metriopelma zebrata handelt es sich um sehr aggressive und äußerst flinke Vogelspinnen. Sie fressen sehr gut, am liebsten kleine bis mittelgroße Grillen und Heimchen, kleinere Motten und andere geeignete Insekten. Obwohl die Zebra-Vogelspinne eher bodenlebend ist, ist sie eine geschickte und flinke Kletterkünstlerin.

Die Zebra-Vogelspinne ist in Costa-Rica weit verbreitet.

Metriopelma zebrata zählt zu den „Bombardierspinnen", bei Belästigung verteidigt sie sich daher in der bekannten Weise.

Metriopelma zebrata ist relativ gut zu züchten, wenn man geeignete Zuchttiere erwerben kann. Gegenüber dem Geschlechtspartner verhalten sich die Tiere nach KLAAS (1989) ziemlich aggressiv. Die nur 2,5 mm großen Jungtiere müssen anfangs mit Springschwänzen und kleinen Drosophilafliegen aufgezogen werden. Metriopelma zebrata erreicht nur ein Alter von maximal 4 Jahren.

Pamphobeteus antinous

Beschreibung: Wie die meisten Spinnen der Gattung Pamphobeteus ist auch Pamphobeteus antinous eine recht große und aggressive Spinne. Die Tiere sind äußerst gierige Fresser und stellen den Pfleger vor kleine Futterprobleme. Obschon die Spinne nicht als die größte Vogelspinne der Welt bezeichnet werden kann, ist sie neben

Pamphobeteus insignis und Pamphobeteus fortis eine der begehrtesten.
Pamphobeteus antinous ist von der Grundfärbung her eine dunkelbraune Spinne. Sie trägt lange Haare an den Beinen und dem Abdomen. Im natürlichen Sonnenlicht zeigt sich ein deutlicher blauer Schimmer auf den beiden vorderen Laufbeinen, den Tastern, den Chelizeren und dem Carapax. Die durchschnittliche „Beinspanne" eines ausgewachsenen Weibchens beträgt etwa 15 cm.
Diese Spinne ist für ihre Aggressivität bekannt. Versuche, die Tiere in die Hand zu nehmen, sollten daher von vornherein unterlassen werden. Eine kurze Charakterisierung müßte etwa so lauten: Groß, aggressiv und hungrig. Die Lebenserwartung von Pamphobeteus antinous liegt etwa zwischen 12 und 15 Jahren.

Verbreitung und Lebensraum: Das Verbreitungsgebiet dieser bodenlebenden Spinne erstreckt sich über das südamerikanische Land Bolivien. Auch im angrenzenden Peru kommt die Vogelspinne vor. In ihrer Heimat bewohnen die Tiere den tropischen Regenwald, wo ständig hohe Feuchtigkeitswerte von etwa 80% herrschen.

Pflege im Terrarium: Vorausgesetzt, daß Sie die im Verlauf des Buches gegebenen Pflegehinweise beachten, gilt diese Spinne als sehr pflegeleicht. Die Fütterung verläuft völlig unproblematisch. Die Spinne zeigt einen gewaltigen Appetit und kann problemlos, auch längerfristig, mit Grillen versorgt werden. Eine Bereicherung der Futterpalette durch Schaben oder auch nestjunge Mäuse ist eine willkommene Abwechslung. Ein kleiner Wasserbehälter muß der Spinne zur Verfügung stehen. Die Temperaturen sollten für die Terrarienhaltung zwischen 20 und 25 °C liegen.
Die Jungspinnen verlassen ihren Kokon nach etwa 8-10 Wochen. Erstaunlich ist die Ähnlichkeit der Spinnenbabys mit der britischen Wolfsspinne Lycosa sp., doch sind sie im Gegensatz hierzu bereits schwarz gezeichnet. Lange, dünne Beine lassen den Eindruck aufkommen, daß das Laufen ein hartes Stück Arbeit sein muß. Weit gefehlt! Die kleinen Spinnen sind unglaublich schnell. Die Spinnenbabys sind größer als die der meisten anderen Vogelspinnenarten und wachsen sehr schnell heran. Temperaturen um 24 °C sind für die Aufzucht der Spinnenbabys zu empfehlen.

Pamphobeteus insignis

Beschreibung: Die Grundfärbung von Pamphobeteus insignis ist ein helles Schokoladenbraun. Auf den beiden vorderen Laufbeinpaaren, den Tastern, den Chelizeren und dem Carapax zeigt sich ein deutlicher rosa Schimmer. Die Männchen sind auffallender gezeichnet als die Weibchen und ähneln damit Pamphobeteus fortis, die ebenfalls einen deutlichen Rosa-Farbanteil aufweisen. Die Weibchen haben ein sehr großes Abdomen, so daß es nur schwer zu erkennen ist, ob ein Weibchen trächtig ist oder nicht. Pamphobeteus insignis fertigt ausgedehnte Netzkonstruktionen auf dem Bodengrund des Terrariums an. Die oberen Bereiche des Terrariums werden nicht mit einbezogen.

Verbreitung und Lebensraum: Pamphobeteus insignis kommt aus Kolumbien, wo sie die Region um Cauca bewohnt. Der natürliche Lebensraum ist der tropische Regenwald mit einer extrem hohen Luftfeuchtigkeit.

Pflege im Terrarium: Pamphobeteus insignis benötigt Terrarien ab einer Kantenlänge von 50 cm. Für die Pflege dieser Spinne sollte das Terrarium mit einem tiefen Bodengrund (ca. 15-20 cm) ausgestattet sein und selbstverständlich einen kleinen Wasserbehälter beinhalten. Der tropischen Verbreitung entsprechend sollten die Luftfeuchtigkeitswerte um 80-90% relativer Feuchte liegen, die Lufttemperaturen bei 22-26 °C.

Als große Vogelspinne vertilgt Pamphobeteus insignis auch große Futterinsekten wie Schaben und Wanderheuschrecken und hin und wieder junge Mäuse. Die Tiere erreichen ein Alter von etwa 15 Jahren.

Die Riesenvogelspinne *Pamphobeteus insignis* beeindruckt mit einer Körperlänge von 10 cm.

Von allen kolumbianischen Riesen-Vogelspinnen der Gattungen Pamphobeteus, Acanthoscurria und Xenethis ist Pamphobeteus insignis nach meinen Erkenntnissen die friedlichste Art. Mein ausgewachsenes Weibchen gab nie Anlaß für irgendwelche Alarmmeldungen und widerlegte alle Berichte über die Launenhaftigkeit dieser großen Vogelspinne. Vorsicht ist dennoch stets geboten.

Phormictopus cancerides – Haiti-Vogelspinne

Beschreibung: Die bis zu 7 cm große Spinne ist dunkelbraun gezeichnet und trägt eine feine, rosafarbene Behaarung auf dem Carapax. Auffällig ist bei dieser schlank gebauten Art vor allem die Länge des letzten Hinterbeinpaares: Diese Beine sind mit bis zu 9 cm doppelt so lang wie die übrigen Gliedmaßen. Die prachtvoll anzuschauende Vogelspinne wird in zahlreichen Sammlungen als besonderes Ausstellungstier gehalten. Phormictopus cancerides ist eine extrem aggressive „Bombardierspinne", die ständig angriffsbereit ist und selbst abtropfende Wassertropfen attackiert.

Verbreitung und Lebensraum: Phormictopus cancerides stammt von der westindischen Insel Haiti, wo sich das Verbreitungsgebiet über Port au Prince, Lares und Anasa erstreckt. Die Tiere bewohnen das halbfeuchte Buschland und die Sekundär-

Phormictopus cancerides **lebt im halbfeuchten Buschland der Insel Haiti.**

wälder, in denen sie ihre Höhlen im Untergrund anlegen.

Pflege im Terrarium: Aufgrund preisgünstiger Angebote ist diese Art oft in den Terrarien von Anfängern oder aber ganz einfach bei solchen Leuten gelandet, die nur mit den Tieren angeben wollen. Phormictopus cancerides ist keinesfalls eine für den Anfänger geeignete Vogelspinne. Zwar ist die Art in gewisser Weise anpassungsfähig und an verschiedene Umweltbedingungen zu gewöhnen, doch sind einige Faktoren, wie z. B. hohe Feuchtigkeitswerte um 80% (besonders nachts), absolut lebenswichtig für die Tiere. Die Lufttemperaturen sollten bei 22-26 °C am Tag liegen, nachts sollte es auf 18-20 °C abkühlen. Im Terrarium darf trotz der recht hohen Feuchtigkeitswerte keine stauende Nässe entstehen. Der Bodengrund (ca. 5 cm Torf-Sand-Gemisch mit Laubabdeckung) sollte daher nur leicht feucht gehalten werden. Eine gute Belüftung des Terrariums verhindert ebenfalls das Auftreten von Stickluft.

Die Ernährung verursacht keine Probleme. Phormictopus cancerides frißt alles, was sich bewegt und was sie überwältigen kann. Ein ständig mit Frischwasser gefüllter Trinkbehälter ist für die Spinne lebenswichtig.

Die Vogelspinne ist einfach nachzuzüchten, und die Jungtiere schlüpfen ohne große Probleme etwa 6 bis 12 Wochen nach der Fertigstellung des Kokons. Die anfangs 5 mm kleinen Spinnen wachsen schnell heran und werden etwa im Alter von 1-2 Jahren (Männchen) bzw. 3 Jahren (Weibchen) geschlechtsreif. Bis zur 5. Häutung zeichnen sich die Jungtiere durch eine blauschwarze Färbung aus. Die Lebenserwartung der Weibchen liegt bei 12 bis 15 Jahren.

Phormictopus cancerides ist eine der aggressivsten Vogelspinnen und ist selbst vom Fachmann nur unter Zuhilfenahme von großen (Futter-) Zangen und Kartonbögen zu handhaben.

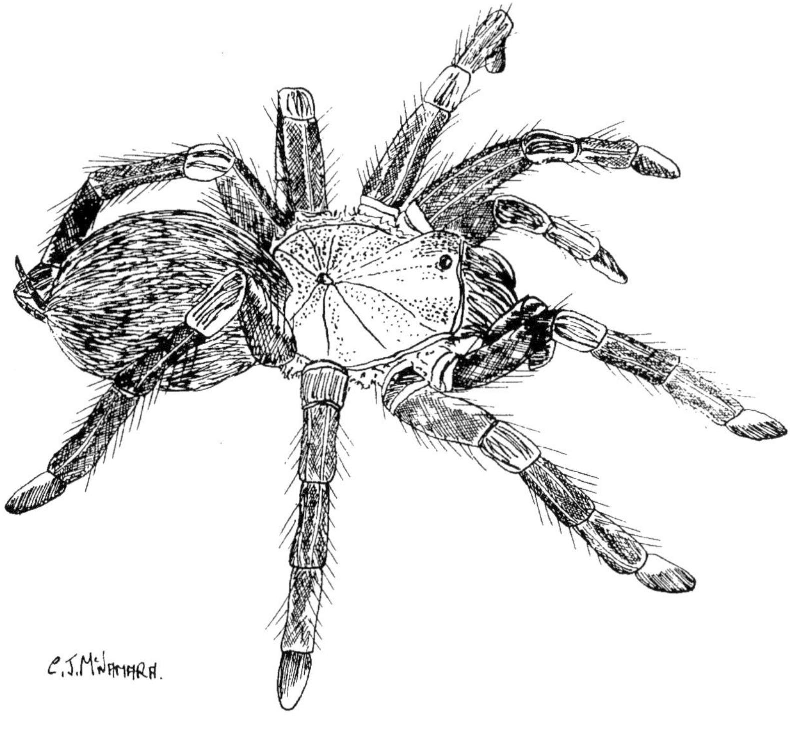

Phormictopus cancerides, **die Haiti-Vogelspinne**

Phrixotrichus auratus

Beschreibung: Phrixotrichus auratus erinnert an Grammostola spatulata. Schmidt (1993) weist darauf hin, daß alle ihm als Phrixotrichus chilensis, Phrixotrichus auratus, Phrixotrichus roseus vorgelegten Exemplare sich nach mikroskopischer Untersuchung aufgrund ihrer Stridulationsorgane als Grammostola-Arten erwiesen haben; meistens als Grammostola spatulata.

Der wissenschaftliche Name für diese Spinne ist etwas irreführend. Tatsächlich weist die Färbung des Tieres an keiner Stelle die Farbe Gold oder Gelb auf. Die Vogelspinne ist dunkel-braunrot gefärbt, und nur die Haare an den Beinen und dem Abdomen zeigen einen deutlichen Orangeton. Die Spinne macht oft einen recht unbeholfenen Eindruck, und es scheint, als ob sie die meiste Zeit hoch erhoben und auf Zehenspitzen inmitten ihres Terrariums verbringt. Warum sie das macht, ist bis heute noch unklar. Phrixotrichus auratus zeigt keine Scheu und verhält sich auch nicht aggressiv, wenn wir uns der Spinne nähern.

Verbreitung und Lebensraum: Phrixotrichus auratus kommt aus Chile, wo die Tiere in erster Linie in der Region um Santiago und Valdiva

Phrixotrichus auratus.

vorkommen. Das Verbreitungsgebiet von Phrixotrichus auratus ist jedoch so groß, daß auch einige Exemplare in Peru gefunden wurden. Die Spinnen bewohnen die bergigen Buschgebiete mit Temperaturen um 20 °C und einer Luftfeuchtigkeit von 75 %.

Pflege im Terrarium: Das mit einer Kantenlänge von etwa 40 cm relativ große Terrarium sollte mit einer hohen Bodenschicht und einem kleinen Wasserteil ausgestattet sein. Eine Korkröhre kann als künstliche Wohnröhre für die Spinne schräg in den Bodengrund eingelassen werden.

Die Tiere sind dem Anfänger nicht zu empfehlen, da sie oft aus bislang noch ungeklärter Ursache sterben. Selbst wenn alle Bedingungen für diese Spinne richtig sein müßten, kommt es vor, daß Ihre Vogelspinne eines Morgens ohne ersichtlichen Grund tot im

Aus noch ungeklärtem Grund ist *Phrixotrichus auratus* kein langlebiger Terrarienpflegling.

Terrarium liegt. Auch anschließende wissenschaftliche Untersuchungen konnten die Todesursache nicht feststellen. Bis hier Klarheit vorliegt, besteht die einzige Chance, die Tiere erfolgreich zu halten, darin, ihren natürlichen Lebensraum so gut wie möglich im Terrarium nachzuahmen. Das Futter sollte aus mittelgroßen bis großen Insekten bestehen.

Trotz ihrer heiklen Haltbarkeit sind die Spinnen schon mehrfach nachgezogen worden. Die Jungspinnen schlüpfen 6-10 Wochen nach der Ablage des Kokons. Die kleinen Spinnen sehen genauso aus wie die von Grammostola cala und Grammostola spatulata. Beim Schlupf sind sie noch sehr klein, doch wachsen die Tiere schnell heran. Es gibt bislang keine Angaben über die maximale Lebensdauer dieser Spinnenart, doch dürfte es sich ähnlich verhalten wie bei Grammostola cala und Grammostola spatulata, die jeweils etwa 12 Jahre alt werden.

Psalmopoeus cambridgei

Beschreibung: Die bis zu 8 cm große Psalmopoeus cambridgei zeigt eine hellbraune Grundfärbung, die auf dem Abdomen durch winklige Muster unterbrochen wird. Die Beine der baumlebenden Spinne sind dicht mit einer weichen Behaarung überzo-

Bei *Psalmopoeus cambridgei* handelt es sich um eine baumlebende Spinne.

gen. Bei entsprechendem Lichteinfall schimmern die Gliedmaßen und die Unterseite des Abdomens in einem prächtigen Grün. Mit ihren langen Beinen kann sich die Vogelspinne sehr schnell und gewandt bewegen. Psalmopoeus cambridgei gehört zur Unterfamilie Aviculariinae.

Verbreitung und Lebensraum: Diese Vogelspinne ist auf Trinidad und den westindischen Inseln beheimatet. Die Tiere leben in ihren selbstgewebten Wohnröhren, die sie an den Hauswänden oder zwischen zusammengefalteten Blättern anlegen.

Pflege im Terrarium: Als große baumlebende Vogelspinne benötigt Psalmopoeus cambridgei ein entsprechend dimensioniertes Terrarium, das deutlich höher als lang ist. Wichtig sind Dekorationen aus Kork, Wurzeln oder Ästen, die bis in die oberen Ecken des Behälters ragen. Neben den Versteckmöglichkeiten, die der Spinne dadurch zur Verfügung stehen, kann das Tier seine Wohnröhre besser befestigen. Da die Wohngespinste oft am Terrariendeckel befestigt werden, ist eine vordere oder seitliche Öffnungsmöglichkeit zu empfehlen. Vorsicht ist bei der Öffnung des Terrariums geboten, da die Tiere springen können. Die Luftfeuchtigkeit sollte im Terrarium bei 80% liegen, die Temperaturen um 26 °C am Tag bei nächtlicher Abkühlung auf 20 °C. Um die Feuchtigkeit hoch genug zu halten und um der Spinne die Möglichkeit zur Flüssigkeitsaufnahme zu geben, ist es erforderlich, das Terrarium täglich mit Wasser zu übersprühen. Ein zusätzlicher Wasserteil wird dann nicht benötigt. Wie alle baumlebenden Vogelspinnen bevorzugt auch Psalmopoeus cambridgei flugfähige Futtertiere. Nicht zuletzt durch ihren unersättlichen Appetit ist aber auch eine Fütterung mit Grillen und Heuschrecken problemlos möglich. Psalmopoeus cambridgei zeigt sich im Terrarium als eher aggressiv, und so ist mit dem Umgang dieser Tiere besondere Vorsicht geboten.

Die Zucht wirft keine besonderen Probleme auf. Sobald das Männchen in das Terrarium des Weibchens gesetzt wird, wartet es vor der Wohnröhre des Weibchens geduldig darauf, daß das Tier aus seinem Unterschlupf hervorkommt. Kommt das Weibchen hervor, so verläuft die Paarung innerhalb kürzester Zeit. Sobald die Paarung beendet ist, zieht sich das Weibchen so schnell wie möglich wieder in sein Netz zurück.

Die Zucht von *Psalmopoeus cambridgei* gelingt ohne Schwierigkeiten.

Die Inkubationszeit bis zum Schlupf der Jungspinnen aus dem Kokon beträgt etwa 6 bis 8 Wochen. Die 5 mm großen Spinnenbabys sind in ihrer Jugendfärbung cremerosa mit schwarzen Füßen. Die Jungspinnen sind sehr robust und wachsen besonders schnell heran. Im Alter von 2 Monaten weisen sie bereits eine Beinspannweite von über 4 cm auf. Obschon die Tiere recht aggressiv sind, stellen sie eine interessante und ansprechende Bereicherung jeder Spinnensammlung dar.

Pterinopelma saltador

Beschreibung: Pterinopelma saltador ist eine interessant gezeichnete, mit einer Körperlänge von 5 cm relativ kleinbleibende Vogelspinne. Der hintere Teil mit dem Abdomen und den hinteren Beinpaaren ist mittelbraun gefärbt, der vordere Teil mit dem Carapax und den vorderen Extremitäten ist in einem hellen Grau bis Rehbraun gehalten. Die Ränder des Carapax und alle Gelenke der Beine sind cremefarben eingefaßt.

Verbreitung und Lebensraum: Pterinopelma saltador ist eine südamerikanische Vogelspinne, die in Uruguay und Argentinien vorkommt. Hier bewohnen die Tiere die Pampas, wo sie ihre Höhlen ungehindert in den lockeren Boden graben können. Die Luftfeuchtigkeit beträgt im Mittel 75%, und die Tagestemperaturen liegen um 25 °C. Obschon die Art im natürlichen Lebensraum weit verbreitet und die Populationsdichte recht hoch ist, sind die Tiere unter Schutz gestellt worden und können nicht mehr ausgeführt werden.

Pflege im Terrarium: Pterinopelma saltador ist die friedlichste Vogelspinnenart, die mir bekannt ist. Die Tiere scheinen nicht in der Lage zu sein, Aggressionen zu zeigen, und es hat den Anschein, als ob sie keine Scheu kennen. Problemlos ist das Hantieren im Terrarium, und auch das Umsetzen der Tiere ist von Hand möglich. Das friedfertige Verhalten der Vogelspinne sollte jedoch nicht dazu verleiten, den Tieren unachtsam gegenüberzutreten. Auch eine noch so „zahme" Vogelspinne kann einmal zubeißen.

Das Terrarium sollte für die bodenlebende Spinne mit einer hohen Schicht Bodengrund (Vermiculit oder Blumenerde) ausgerüstet sein. Zusätzlich dient eine Schicht feuchten Spaghnum-Mooses zur Aufrechterhaltung einer hohen Luftfeuchtigkeit von 75 bis 85% relativer Feuchte. Einige Stücke Korkrinde als weitere Versteckmöglichkeit dürfen ebensowenig fehlen wie ein kleiner Wasserbehälter. Die Fütterung erfolgt mit mittelgroßen Futterinsekten.

Die Zucht von Pterinopelma saltador ist kein Problem. Die Geschlechter verhalten sich auch untereinander sehr friedlich, und so kann das Männchen nach der Paarung ohne große Eile wieder in sein eigenes Becken gesetzt werden. Die Aufzucht der Jungspinnen mit kleinen Drosophila, später mit größeren Insekten, erfolgt ohne große Schwierigkeiten. Es ist lediglich darauf zu achten, daß die Jungspinnen mit zunehmender Größe in entsprechend größere Behältnisse umgesetzt werden, damit sie sich gut entwickeln können.

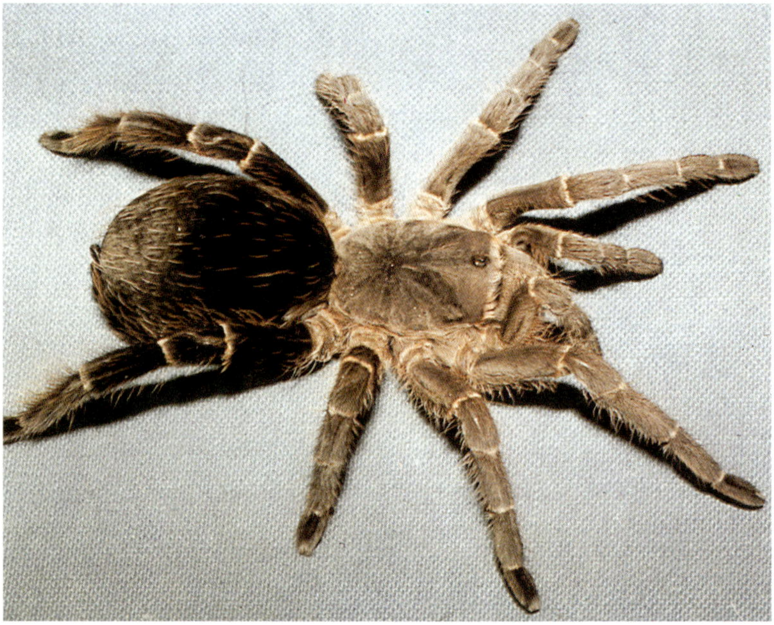

Ein Weibchen von *Pterinopelma saltador.*

Die Männchen von *Pterinopelma saltador* lassen sich von den Weibchen gut unterscheiden.

Spaerobothria hoffmanni

Beschreibung: Die sehr ansprechend gezeichneten bis zu 5 cm großen Vogelspinnen zeigen eine gelblichbraune Grundfärbung, die je nach Lichteinfall graubraun glänzen kann. Das Abdomen ist in einem matten Braunschwarz gehalten. Der Carapax zeigt einen charakteristischen, deutlich erkennbaren Höcker. Die Gliedmaßen wirken aufgrund der hellen Behaarung an Tarsus und Tibia silbergrau.

Verbreitung und Lebensraum: Spaerobothria hoffmanni lebt im costaricanischen Hochland in der Umgebung des Monteverde Nationalparks. Die Biotope liegen im Regenwald und weisen Feuchtigkeitswerte von über 80% auf.

Pflege im Terrarium: Die Tiere sind leicht zu halten, doch liegen noch keine aussagekräftigen Informationen zum Paarungsverhalten und zur Aufzucht der Jungspinnen vor. Das Terrarium sollte einen hohen Bodengrund (Torf-Sand-Gemisch) aufweisen, damit die Spinnen, die in der Natur meterlange Röhren bauen, genügend Möglichkeiten zum Graben haben. Spaghnum-Moos sorgt für weitere Versteckmöglichkeiten. Die Tiere ernähren sich bevorzugt von großen Grillen und mittelgroßen Heuschrecken. Ein kleiner Wasserteil ist dringend erforderlich. Die Lufttempe-

Spaerobothria hoffmanni **gehört mit einer Länge von 5 cm zu den kleineren Arten.**

raturen sollten bei hoher Luftfeuchtigkeit tagsüber um 25-27 °C liegen, nachts etwas darunter.
Versuchen Sie nicht, die Tiere in die Hand zu nehmen. Es handelt sich um sehr aggressive Spinnen, die zudem ausgesprochen schnell sind.

Spaerobothria hoffmanni **wurde bisher selten gepflegt, so daß Zuchterfolge noch ausstehen.**

Tapinauchenius plumipes

Beschreibung: Die ca. 7 cm großen Tiere sind überwiegend braun gefärbt, und nur das Abdomen zeigt sich in rötlichen Tönen. Die Männchen sind deutlich kleiner als die Weibchen.

Verbreitung und Lebensraum: Das Ursprungsland von Tapinauchenius plumipes ist Trinidad, doch gibt es auch bestätigte Fundortangaben aus Surinam. Die Tiere halten sich gerne in Plantagen auf, wo sie ihre Wohnröhren zwischen zusammengefalteten Blättern anlegen.

Pflege im Terrarium: Als baumlebende Vogelspinne ist für Tapinauchenius plumipes ein hohes Terrarium erforderlich. Rindenstücke und Äste sind so zu integrieren, daß die Tiere ihre Netze an ihnen befestigen können. Als reiner Tropenbewohner bevorzugt Tapinauchenius plumipes Feuchtigkeitswerte von gut 80% und Temperaturen zwischen 23 und 27 °C.

Tapinauchenius plumipes **gehört zu den baumlebenden Arten.**

Um die Luftfeuchtigkeit hoch zu halten und um dem Trinkbedürfnis der Spinne gerecht zu werden, ist ein tägliches Übersprühen erforderlich. Die Fütterung von Tapinauchenius plumipes wirft keine besonderen Probleme auf. Die Art bevorzugt, wie die meisten baumlebenden Vogelspinnen, flugfähige Futterinsekten.

Als besonders flinke und durchaus auch aggressive Art gelingt Tapinauchenius plumipes manch ein Fluchtversuch.

Für das Hantieren mit dieser Spinnenart ist daher besondere Vorsicht geboten.

Sinnvollerweise sollte das Terrarium für diese baumlebende Vogelspinne von vorn oder seitlich geöffnet werden können, da sich die Spinne überwiegend im oberen Terrarienbereich aufhalten wird. Eine verschiebbare Frontscheibe wäre ideal, um die Spinne sicher zu handhaben.

Tapinauchenius plumipes ist eine sehr flinke Spinne, die auch kleinere Sprünge ausführen kann. Im Umgang mit dieser Art ist daher Sorgfalt erforderlich.

Theraphosa leblondi

Beschreibung: Theraphosa leblondi gilt mit einer Größe von 12 cm als die größte Vogelspinne der Welt und gehört dadurch zu den begehrtesten Vogelspinnen. Farblich gesehen zeigt sich die stark behaarte Spinne mit ihrer einheitlich kastanienbraunen Grundfärbung dagegen relativ unscheinbar. Im Gegensatz zu den meisten anderen Vogelspinnenarten tragen die Männchen von Theraphosa leblondi keine „Schienbeinhaken" am vorderen Laufbeinpaar.
Die Abdominalbehaarung erscheint in der Regel unvollständig, da die Spinne den Zugang zu ihrer Wohnröhre immer wieder mit Brennhaaren ausstattet. Im Umgang mit dieser aggressiven „Bombardierspinne" ist Vorsicht geboten.

Theraphosa leblondi **– der Goliath unter den Vogelspinnen.**

Verbreitung und Lebensraum: Theraphosa leblondi lebt im tropischen Regenwald Südamerikas. Die Tiere sind über den nördlichen Teil Brasiliens, die Guayanas und Venezuela verbreitet. Die bevorzugten Biotope liegen oft

Theraphosa leblondi **ist nur dem versierten Spinnenfreund zu empfehlen.**

in der Nähe von Flußläufen und in Meeresnähe. Hier graben die Spinnen ihre Wohnhöhlen in den feuchten Urwaldboden. Nicht selten werden die Biotope während der Regenzeiten unter Wasser gesetzt, so daß sich die Tiere auf kleineren Anhebungen in Sicherheit bringen müssen. Während der Trockenzeiten bauen die stark feuchtigkeitsbedürftigen Riesenspinnen ihre Wohnhöhlen weiter aus, so daß sie dem sinkenden Wasserspiegel folgen können. Die Luftfeuchtigkeit und die Temperaturen liegen im natürlichen Lebensraum mit 80-90% und 25-28 °C recht hoch.

Pflege im Terrarium: Theraphosa leblondi ist dem unerfahrenen Terrarianer nicht zu empfehlen und sollte daher nur von versierten Arachnologen gepflegt werden. Die Tiere sind aggressiv und unberechenbar. Werden die Vogelspinnen in ihrer Ruhe gestört, so sind sie in der Lage, einen deutlich vernehmbaren Zischlaut von sich zu geben. Versuche, die Tiere in die Hand zu nehmen, sollten von vornherein unterlassen werden.

Das Terrarium für diese großen Tiere sollte etwa eine Kantenlänge von 60 x 40 cm aufweisen. Frontschiebescheiben sind für die Fütterung und das Auswechseln des Wasserbehälters von Vorteil. Die Einrichtung des Terrariums kann sehr einfach gestaltet sein. Es ist nicht erforderlich, die sumpfig feuchten Bedingungen des natürlichen Lebensraumes nachzuahmen. Der Bodengrund kann aus einer ca. 10 cm hohen Schicht Torferde bestehen, die leicht feucht gehalten wird und durch eine Schicht trockenen Eichenlaubes abgedeckt wird. Als Versteckmöglichkeiten sollten der Spinne ausreichend große Korkrindenstücke zur Verfügung stehen. Solange Sie die Vogelspinnen warm und feucht halten, werden die Tiere bestens gedeihen. Auf eine gute Belüftung des Terrariums ist allerdings zu achten, da die Spinne stauende Nässe auf Dauer nicht verträgt. Da die Tiere ein sehr starkes Feuchtigkeitsbedürfnis haben, sollte der Wasserteil größer ausfallen als bei anderen Vogelspinnenarten.

Die Riesenvogelspinnen sind

unersättlich und haben ein Temperament, das erst einmal überboten werden muß. Nur die größten Futtertiere sind ihnen recht, und so ist es nicht erforderlich, einer adulten Theraphosa leblondi kleinere Insekten als ausgewachsene Heuschrecken anzubieten. Nicht selten nimmt sie davon mehrere am Tag. Junge Mäuse stellen eine willkommene Bereicherung im Speiseplan einer Theraphosa leblondi dar. Sollten Sie also die Pflege dieser großen Vogelspinne in Erwägung ziehen, so ist es ratsam, die nötigen Futtertiere selber zu züchten.

Die Zucht von Theraphosa leblondi ist schon mehrfach gelungen. Dem zu Paarungszwecken in das Terrarium des Weibchens gegebenen Männchen verhält sich das Weibchen gegenüber anfangs etwas aggressiv. Die Aggressivität legt sich jedoch, und es kommt zu einer mehrere Minuten andauernden Befruchtungsphase, die durch das friedliche Auseinandergehen der Geschlechtspartner beendet wird.

Das Weibchen spinnt sich während der gesamten Entwicklungsphase der Jungspinnen in seiner Höhle ein und bewacht den Kokon. Etwa 10 Wochen nach der Eiablage schlüpfen die schon auf ca. 1,5 cm herangewachsenen Spinnenbabys aus ihrer Kinderstube. Die weitere Aufzucht der Jungspinnen ist nicht einfach, und es muß mit Verlusten gerechnet werden. Die Lebenserwartung von Theraphosa leblondi liegt bei etwa 12 Jahren, vermutlich sogar noch höher.

Ein typischer Lebensraum von *Theraphosa leblondi*.

II. Vogelspinnen aus Afrika

Ceratogyrus darlingi – Höcker-Vogelspinne

***Ceratogyrus darlingi* besitzt als auffälliges Merkmal einen dunkelbraunen Höcker auf dem hinteren Carapax.**

Beschreibung: Die bis zu 7 cm große Ceratogyrus darlingi ist eine besonders attraktive Vogelspinne. Die Grundfärbung ist ein helles Rehbraun, das fundortabhängig sehr stark im Farbton und Muster variieren kann. Auf dem Carapax zeigen die Tiere eine deutlich abgegrenzte, leicht erhobene dunkle Fläche. Das Sternum und die Unterseiten der Extremitäten sind schwarz. Die Ceratogyrusarten weisen in der Thoraxgrube ein charakteristisches Horn auf, das bei Ceratogyrus darlingi nur kurz und nach hinten gekrümmt ist. KLAAS (1989) weist auf einen Geschlechtsdimorphismus hin: Die deutlich kleineren Männchen (bis 5 cm) besitzen eine dunklere Färbung und an den Gelenken der Gliedmaßen kleine weiße Ringe.

Verbreitung und Lebensraum: Die Tiere stammen aus dem afrikanischen Zimbabwe aus der Umgebung von Enkeldoorne. Weitere Fundorte liegen in Mozambique, wo die Tiere den tropischen Regenwald bewohnen.

Pflege im Terrarium: Sollte die Möglichkeit bestehen, diese Art zu bekommen, so ist sie sicher eine interessante

Bereicherung für jeden Vogelspinnenpfleger. Zu bemerken ist aber, daß es sich bei Ceratogyrus darlingi um eine sehr aggressive Spinne handelt, die ständig auf der Lauer ist und ohne zu zögern angreift. Die Tiere leben sehr versteckt, und man sieht sie nur, wenn sie aus ihrem Höhleneingang hinausschauen und auf Beute warten. Ceratogyrus darlingi kleidet ihre selbstgegrabenen Höhlen besonders sorgfältig mit „Spinnseide" aus. Es ist nicht nötig, der Terrariendekoration besondere Aufmerksamkeit zu schenken, da die Vogelspinne binnen kürzester Zeit ihre eigenen Ideen verwirklichen wird.

Je nach Fundort sollten die Luftfeuchtigkeitswerte bei 70-80% (Regenwaldbewohner) bzw. bei 50-60% bei Tieren aus Südafrika liegen und die Temperaturen um 25 °C (Regenwaldbewohner) bzw. bei 27-30 °C für Spinnen aus Südafrika. Im Futter sind die Spinnen nicht wählerisch, sie nehmen fast täglich ein bis zwei Insekten an.

Die Zucht ist nicht ganz unproblematisch. Besonders während der Paarung verhalten sich beide Tiere äußerst aggressiv und schreckhaft, so daß die kleinste Störung dazu führen kann, daß die Tiere zubeißen.

Wenige Wochen nach der Paarung beginnt das Spinnenweibchen mit dem Bau seines Kokons, aus dem die winzigen Jungspinnen etwa 4 Wochen später schlüpfen. Die Spinnenbabys müssen zunächst mit Kleinstfutter wie z. B. Springschwänzen aufgezogen werden, ehe sie Drosophila und kleine Heimchen fressen. Die weitere

Ceratogyrus darlingi **stammen aus dem afrikanischen Zimbabwe.**

Aufzucht bereitet in aller Regel keine Probleme, und die Jungspinnen machen schon bald einen sehr robusten Eindruck. Die Tiere wachsen schnell heran und graben ihre eigenen Wohnhöhlen, die reichhaltig mit einem feinen Seidengespinst ausgekleidet werden. Wie auch die Elterntiere gestalten die Spinnenbabys ihr Terrarium nach eigenen Vorstellungen durch üppige Spinnweben und selbstgegrabene Gangsysteme.

Pterinochilus murinus

Beschreibung: Pterinochilus murinus ist eine sehr schön gezeichnete Art, die inzwischen regelmäßig aus Nachzuchtprogrammen zu bekom-

Pterinochilus murinus **fällt durch attraktive Zeichnungsmuster auf.**

Im Umgang mit großen Weibchen von *Pterinochilus murinus* ist Vorsicht angeraten: Die Spinnen können schmerzhaft zubeißen.

men ist. Die Tiere zeigen ein gelbliches Abdomen, das ein Muster aus Streifen und Punkten aufweist. Der Carapax ist von einer goldfarbenen Behaarung überzogen und gibt dem Tier ein besonders interessantes Aussehen. Leider steht der Charakter im Gegensatz zum hübschen Äußeren. Die Vogelspinne ist äußerst temperamentvoll und launisch. Sie ist ungemein aggressiv und immer angriffsbereit, so daß sie schon auf die geringste Störung durch Drohen reagiert. Pterinochilus murinus gilt als bodenlebende Vogelspinne, doch hat die Terrarienhaltung gezeigt, daß die Tiere durchaus gerne klettern.

Verbreitung und Lebensraum: Pterinochilus murinus ist eine afrikanische Vogelspinne. Ihr Verbreitungsgebiet erstreckt sich über ganz Kenia und Äquatorial-Afrika. Die Biotope liegen in Mischwaldgebieten, wo die Luftfeuchtigkeit etwa 70 bis 80% beträgt.

Pflege im Terrarium: Pterinochilus murinus ist entgegen bisheriger Informationen – zumindest im Terrarium – nicht als bodenlebend zu bezeichnen. Meine Tiere haben ihr kokonähnliches Netz regelmäßig in der obersten Ecke ihres Terrariums angelegt. Hier verbringen sie die meiste Zeit ihres Lebens, und nur zum Trinken kommen die Spinnen herunter zum Wasserbehälter. Pterinochilus murinus ist eine sehr hungrige Vogelspinne, die ohne zu zögern Futterinsekten beliebiger Größe annimmt.

Die Zucht dieser Spinne verläuft völlig problemlos. Die Jungspinnen sind schon beim Schlupf recht groß und bereits sehr aggressiv. Pterinochilus murinus gehört zu den schnell heranwachsenden Vogelspinnenarten, die sich bei einer Terrarientemperatur von 26 °C wohlfühlen.

Schmidt (1993) weist darauf hin, daß die Bisse großer Weibchen von Pterinochilus-Arten schmerzhaft sind. Vorsicht im Umgang mit diesen Spinnen ist daher geboten.

III. Vogelspinnen aus Asien

Haplopelma lividus

Beschreibung: Haplopelma lividus verhält sich oft sehr temperamentvoll. Mein erstes Exemplar zeigte sich von Anfang an als sehr aggressiv. Die Fänge zum Angriff erhoben, verließ die in einem tiefen Blau schimmernde Vogelspinne ihren Transportbehälter. Alle 8 Beine und der Carapax zeigten den schönen Blauschimmer.

Wie bei allen Vogelspinnen der Alten Welt hat auch Haplopelma lividus einen etwas gestreckteren Körperbau mit einem relativ schlanken, braun gefärbten Abdomen. Die Grundfärbung des Carapax ist ein helles Rehbraun, um die Augen herum ist sie etwas dunkler. Wie schon erwähnt, zählt neben allen anderen Vogelspinnen der Alten Welt auch Haplopelma lividus zu den extrem aggressiven Arten, so daß sie alles, was sich bewegt, und sei es ein Wassertropfen an der Glasscheibe, angreift. Von allen mir bekannten Vogelspinnen ist Haplopelma lividus farblich gesehen sicher die schönste Vogelspinne. Von ihrem Verhalten dagegen ist sie wohl die aggressivste und unberechenbarste, die ich kennengelernt habe.

Haplopelma lividus **bewohnt Regenwaldbiotope in Burma.**

Verbreitung und Lebensraum: Der natürliche Lebensraum von Haplopelma lividus erstreckt sich über das südostasiatische Burma. Hier bewohnen die schönen Spinnen die Regenwaldregion. Die Tiere leben in tiefen Höhlen, die in allen denkbaren Richtungen mit einem feinen Seidengespinst ausgekleidet sind. Die Biotope weisen eine hohe Luftfeuchtigkeit von gut 85 % und Temperaturen um 22-25 °C auf, so daß diese Werte auch für die Terrarienhaltung zu Grunde gelegt werden können.

Pflege im Terrarium: Haplopelma lividus pflegen wir in einem ca. 40 cm großen Terrarium für bodenlebende Arten. Als Bodengrund füllen wir ca. 15 cm hoch Blumenerde oder ein Torf-Sand-Gemisch (¾ Torf) ein. Die Tiere leben weitgehend in ihren selbstgegrabenen Wohnröhren. Bei Luftfeuch-

Durch die kontrastreiche Färbung wirkt *Haplopelma lividus* besonders attraktiv.

tigkeitswerten um 85% relativer Feuchte und Temperaturwerten um 25 °C fühlen sich die Spinnen wohl. Die Fütterung ist kein Problem. Auch große Futterinsekten werden gern genommen. Immer sollte der Spinne Frischwasser zur Verfügung stehen, da sie viel trinkt.
Bislang liegen noch keine Erfahrungen über erfolgreich verlaufene Nachzuchten vor. Insgesamt sind Haplopelma-Arten für den Anfänger weniger gut geeignet. Nur dem versierten Spinnenpfleger sind die Tiere zu empfehlen.

Haplopelma minax (Melopoeus) Schwarze Thailand-Vogelspinne

Beschreibung: Die Grundfärbung ist schwarz mit einem olivschwarzen Abdomen, auf dem häufig ein schwaches „Fischgrätenmuster" zu erkennen ist. Feine weiße Linien ziehen sich vom Beinansatz herunter bis in die Fußspitzen. Wie alle Vogelspinnen aus der Alten Welt, zeigt auch die bis zu 7 cm große Haplopelma minax den charakteristischen länglichen Körperbau. Die Art ist durch einen auffälligen Ge-

Die Zucht von *Haplopelma minax* ist im Terrarium schon mehrfach gelungen.

Haplopelma minax zeigen sich im Terrarium eher heikel und sollten nur von erfahrenen Arachnologen gepflegt werden.

schlechtsdimorphismus gekennzeichnet. Nicht ausgewachsene Männchen sind ebenso tiefschwarz gefärbt wie die Weibchen. Erst nach der Reifehäutung verändert sich die Färbung des Körpers sowie der Gliedmaßen von Patella bis Metatarsus in ein Hellbraun. Lediglich Tarsus, Femur und Taster bleiben schwarz.

Verbreitung und Lebensraum: Haplopelma minax stammt aus Südost-Asien, wo die Tiere in den Bambuswäldern Thailands und Burmas leben.

Pflege im Terrarium: Aus verschiedenen Gründen ist der Umgang mit Haplopelma minax nur erfahrenen Vogelspinnenfreunden zu empfehlen. Die Tiere sind äußerst aggressiv, reagieren oft heikel auf Umweltveränderungen wie z. B. Temperatur- und Feuchtigkeitsschwankungen und sind Meister im Entkommen. Auch die Jungspinnen stehen dem Verhalten der Elterntiere in keiner Weise nach. Die Pflege erfolgt in mittelgroßen Terrarien mit einer ca. 10 cm hohen Bodenschicht aus Blumenerde. Die Erde ist stets leicht feucht zu halten. Die Lufttemperaturen sollten ständig um 25 °C liegen. Die Spinnen bauen im Bodengrund ihre Wohnröhren und führen eine versteckte Lebensweise.

Haplopelma minax benötigt für das Wohlbefinden einen kleinen Wasserteil. Die Fütterung mit den üblichen Futterinsekten wirft keine Probleme auf, und auch die Zucht dieser Vogelspinne ist schon gelungen. Die Paarung glückt nach KLAAS (1989) nur mit Weibchen, die sich

schon mehrere Tage zuvor mit den Männchen verständigt haben. Hierbei sind deutliche Trommelzeichen zu hören, die von Behälter zu Behälter „gesendet" werden. Die Eizahlen sind mit 37-70 Eiern erstaunlich gering. KLAAS gibt an, daß Jungtiere bei 25 °C nach 6 bis 8 Wochen schlüpfen.

***Haplopelma albostriatus* ist ebenfalls in Burma und Thailand beheimatet. Die Art bewohnt die gleichen Biotope wie Haplopelma minax.**

Ornithoctonus andersoni

Beschreibung: Ornithoctonus andersoni ist mit 7 cm Gesamtlänge eine große und aggressive Spinne. Der Carapax kontrastiert mit seiner rehbraunen Färbung zum schwarzen Abdomen und zu den ebenfalls schwarzen Gliedmaßen. Die bodenlebenden Tiere verbringen viel Zeit damit, ihre ausladenden Netzkonstruktionen auszubessern und zu verfeinern. Häufig füllen die Netze das gesamte Terrarium aus.

Verbreitung und Lebensraum: Diese große Vogelspinne stammt aus den Regenwäldern Burmas, wo sie in der Nähe von Mergui zu finden ist. Seitdem die Tiere erstmals vor einigen Jahren eingeführt worden sind, sind sie in Liebhaberkreisen heiß begehrt.

Pflege im Terrarium: Ein Terrarium ab einer Kantenlänge von 40 cm ist für die Pflege von Ornithoctonus andersoni geeignet. Als Bodengrund kann eine 5-10 cm hohe Schicht Blumenerde, die zu gleichen Teilen mit Torf vermischt sein sollte, eingebracht werden. Das Substratgemisch ist immer leicht feucht zu halten.

Die Tiere scheinen einen unersättlichen Appetit zu haben und fressen alle großen Insekten. Zur Flüssigkeitsregulierung muß ein Wasserteil angeboten werden. In Gefangenschaft haben sich Temperaturen zwischen 21 und

25 °C bewährt. Eine hohe Luftfeuchtigkeit von ca. 80 % ist lebenswichtig für die Tiere.

Ornithoctonus andersoni ist oft mit Chilobrachys andersoni verwechselt worden, die, abgesehen von Bangladesch, im selben Lebensraum vorkommt wie Ornithoctonus andersoni. Unabhängig davon, welche Art Sie in Ihrer Sammlung pflegen, und sei es nur im Hinblick auf die künstlerischen Arbeiten, die die Spinne ausschließlich mit ihren Spinnwarzen anfertigt, so handelt es sich ganz sicher um eine attraktive und interessante Bereicherung.

Ausgehend von meinen Exemplaren hat es den Anschein, als ob die Tiere ihren Netzbau so durchdenken, daß der Wasserteil problemlos und ohne das Netz zu zerstören, ausgetauscht und aufgefüllt werden kann.

Über die Nachzucht und die Lebenserwartung von Ornithoctonus andersoni liegen bislang noch keine Angaben vor, doch ist davon auszugehen, daß die Tiere ein Alter von 12 Jahren erreichen.

Wer sich also mit einer Vogelspinne beschäftigen möchte, über die noch Neues herauszufinden ist, der liegt bei Ornithoctonus andersoni richtig.

Im Netzbau ist *Ornithoctonus andersoni* eine wahre Meisterin: Hier sitzt sie im Eingang ihrer kunstvollen Wohnröhre.

***Ornithoctonus andersoni* stellt eine Bereicherung jeder Spinnensammlung dar.**

Poecilotheria regalis

Poecilotheria regalis ist eine besondere Schönheit unter den Vogelspinnen.

Die gelbe Fleckenzeichnung, die *Poecilotheria regalis* an den Beinunterseiten besitzt, ist hier gut zu erkennen.

Beschreibung: Diese Vogelspinne ist etwas ganz Besonderes. Kaum eine Art ist farblich so interessant und ungewöhnlich gezeichnet wie Poecilotheria regalis. Die Grundfärbung der Spinne ist schwarz und weiß. Das Abdomen ist kontrastreich schwarz, weiß und braungrau gemustert. Auch die Beine sind schwarz und weiß quergebändert. Zusätzlich tragen die Beine und auch der Körper an der Unterseite eine gelbe Fleckenzeichnung. Die Maximalgröße von Poecilotheria regalis beträgt 7 cm.

Verbreitung und Lebensraum: Poecilotheria regalis stammt aus dem südwestlichen Indien, wo sich das Verbreitungsgebiet über die Nilgiri-Berge erstreckt. Außerdem kommt die Spinne in Sri Lanka vor. Als baumbewohnende Art lebt sie in den großen Bäumen des Regenwaldes, wo sie auch ihr Netz baut, in dem sie lebt und ihre Beute fängt. Aufgrund ihrer Lebensweise sind diese Spinnen nur schwer zu finden.

Pflege im Terrarium: Bis vor kurzer Zeit gab es nur wenige Vogelspinnenliebha-

***Poecilotheria regalis* zieht sich gern in Korkeichenröhren zurück, was bei der Terrarieneinrichtung berücksichtigt werden sollte.**

ber, die im Besitz dieser schönen Art waren. Inzwischen sind die Tiere, zusammen mit ihren Verwandten Poecilotheria fasciata und Poecilotheria metallica, etwas häufiger eingeführt worden. Dadurch besteht mittlerweile die Hoffnung, daß alle drei Arten in Zukunft auch in Gefangenschaft nachgezüchtet werden können. Ziel ist es, daß die Vogelspinnen zumindet mit einer der drei Arten in den Terrarien der Liebhaber gepflegt werden.

Die Tiere werden als aggressiv bezeichnet, und das trifft zumindest für Poecilotheria fasciata und Poecilotheria metallica zu. Bei vielen Einwohnern Indiens und Sri Lankas gelten die Tiere daher als durchaus gefährlich. Beim Umgang mit den Spinnen ist grundsätzlich Vorsicht geboten. Die Tiere können sich blitzschnell bewegen, und erst wenn sie ihr Terrarium bezogen und erkundet haben, kehrt Ruhe ein.

Das Terrarium sollte deutlich höher als lang sein und mit einem großen, hochkant eingebrachten Stück Korkeiche und anderen Klettermöglichkeiten dekoriert sein. Vorausgesetzt, daß Sie Ihr Terrarium einmal täglich mit Wasser übersprühen, ist es nicht erforderlich, einen Wasserbehälter zu integrieren. Durch das Sprühen sollte sich eine Luftfeuchtigkeit von ca. 75 % relativer Feuchte ergeben. Die Lufttemperaturen sollten um 25 °C liegen bei geringer nächtlicher Abkühlung. Die Fütterung stellt mit den handelsüblichen Insekten kein Problem dar. Jungspinnen wachsen bei ausreichender Fütterung unglaublich schnell heran.

Nach der zweiten Häutung haben sie beim Verlassen des Kokons bereits eine Länge von gut einem Zentimeter erreicht (siehe Farbfoto auf Seite 59). Jetzt müssen sie für die weitere Aufzucht einzeln in kleine Plastikröhrchen gesetzt werden, um sich nicht gegenseitig zu gefährden.

Leider liegen noch keine Angaben zur Lebenserwartung vor, doch ist anzunehmen, daß die drei genannten Arten etwa 12 bis 15 Jahre alt werden.

Verbreitungsübersicht von Vogelspinnen in den verschiedenen Ländern (ergänzt nach Schmidt, 1993)

Europa

Italien: *Ischnocolus traingulifer*

Portugal: *Ischnocolus holosericus, I. valentinus*

Spanien: *Ischnocolus andalusicus, I. holosericus, I. valentinus*

Afrika

Ägypten: *Chaetopelma olivaceum, C.aegyptiacum, C. shabati*

Äthiopien: *Ischnocolus fasciculatus, I. jickeli, Loxoptygus coturnatus, L. ectypus, L. erlangeri, Pterinchilus brunelli*

Algerien: *Ischnocolus algericus, I. fuscostriatus, I. maroccanus, I. numidus*

Angola: *Ceratogyrus brachycephalus, Phoneyusa westi*

Botswana: *Ceratogyrus bechuanicus, C. schultzei, Pterinochilus crassispina*

Elfenbeinküste: *Phoneyusa celerieri, Selenogyrus africanus, Stromatopelma calceata*

Gabun: *Heterothele atropha, H. darcheni, H. gabonensis, Heteroscodra crassipes, Hysterocrates robustus, Myostola gabonica, M. occidentalis, Phoneyusa büttneri, Pterinochilus simoni, Stromatopelma satanas*

Ghana: *Stromatopelma calceata, Heteroscodra maculata, Hysterocrates hercules*

Guinea: *Heterothele gabonensi, Hysterocrates gigas, Phoneyusa bidentata, P. rutilata*

Kamerun: *Batesiella crinita, Chaetopelma webbi, Euphrictus spinosus, Heteroscodra crassipes, Heterothele hullwilliamsoni, Hysterocrates affinis, H. angusticeps, H. crassipes, H. gigas, H. greffi, H. haasi, H. laticeps, H. maximus, H. minimus, H. ochraceus, H. o. congonus, H. robustus, H. r. sulcifer, H. spellenbergi, H. weileri, Ischnocolus tomentosus, Myostola occidentalis, Phoneyusa bidentata, P. efuliensis, Stromatopelma batesi, S. calceata, S. fumigata, S. pachypoda*

Kenia: *Citharischius crawshayi, Eucratoscelus longipes, Harpactira tigrina, Phoneusa bettoni, P. gregori, Pterinochilus affinis, P. alluaudi, P. carnivorus, P. hindei, P. murinus, P. sjöstedti, P. widenmanni*

Kongo: *Heterothele decemnotata, H. honesta, Heteroscodra crassipes, H. latithorax, Hysterocrates greshoffi, Phoneyusa antilope, P. gracilipes, P. umangiana, Pterinochilus simoni, Stromatopelma batesi, S. satanas*

Liberia: *Stromatopelma brachypoda, S. calceata*

Libyen: *Ischnocolus tripolitanus*

Madagaskar: *Encyocrates raffrayi, Monocentropus lambertoni, Phoneyusa bouvieri*

Malawi: *Coelogenium hillyardi, C. pillansi, Pterinochilus meridionalis*

Marokko: *Ischnocolus hancocki, I. maroccanus, I. mogadorensis, I. numidus*

Mozambique: *Ceratogyrus brachycephalus, C. darlingi, C. bechuanicus, Pterinochilus meridionalis, P. murinus*

Namibia: *Ceratogyrus brachycephalus, C. sanderi, Harpactira namaquensis, H. tigrina, Pterinochilus crassipina, P. lugardi*

Niger: *Hysterocrates hercules, Stromatopelma brachypoda*

Nigeria: *Heteroscodra maculata, Heterothele ogbunikia, Hysterocrates hercules, H. laticeps, Phoneyusa belandana, Stromatopelma brachypoda*

Ostafrika: *Chaetopelma strandi, Heterothele spinipes, Phoneyusa rufa, Pterinochilus mamillatus, P. vorax*

Principe: *Phoneyusa manicata, P. principia*

Ruanda: *Anoploscelus lesserti, Pterinochilus murinus*

Sambia: *Pterinochilus meridionalis, P. murinus*

São Tomé: *Hysterocrates apostolicus, H. didymus, H. greeffi, H. scepticus*

Seychellen: *Chaetopelma gardinieri, Nesiergus halophilus, N. insulanus*

Sierra Leone: *Eumenophorus clementsi, E. murphyi, Selenogyrus aureus, S. austinius, S. caeruleus, Stromatopelma calceata, S. c. griseipes*

Sokotra: *Monocentropus balfouri*

Somalia: *Harpactira tigrina, Pterinochilus raptor*

Sudan: *Chaetopelma strandi, Coelogenium raveni*

Südafrika: *Ceratogyrus bechuanicus, C. brachycephalus, C. darlingii, C. marshalli, Harpactira antra, H. baviana, H. cafrefiana, H. chrysogaster, H. curator, H. curvipes, H. dictator, H. gigas, H. guttata, H. hamiltoni, H. lineata, H. lyrata, H. marksi, H. namaquensis, H. pulchripes, H. tigrina, Phoneyusa mutica, Pterinochilus breyeri, P. crassipina, P. junodi, P. lugardi, P. nigrofulvus, P. pluridentatus, P. schoenlandi*

Tansania: *Anoploscelus celeripes, Citharischius crawshayi, Eucratoscelus pachypus, Heterothele affinis, H. spinipes, H. villosella, Loxomphalia rubida* (Sansibar,) *Pterinochilus affinis, P. carnivorus, P. constricus, P. hindei, P. murinus, P. sjoestedti, P. spinifer, P. vorax, P. widenmanni*

Togo: *Heteroscodra celerieri, H. crassipes, H. maculata, Selenogyrus brunneus*

Tunesien: *Ischnocolus algericus, I. fuscostriatus, I. tunetanus*

Uganda: *Anoploscelus celeripes, Citharischius crawshayi*

Westafrika: *Citharischius stridulantissimus, Hysterocrates vosseleri* (Angola?), *Phoneyusa chevalieri, Selenogyrus africanus, S. brunneus, Stromatopelma calceata*

Zaire: *Anoploscelus lesserti, Heterothele affinis, H. latithorax, Hysterocrates severini, Phoneyusa antilope, P. bidentata ituriensis, P. cultridens, P. elephantiasis, P. giltayi, P. pococki, Pterinochilus mutus, P. obenbergeri, P. occidentalis, P. simoni, P. vorax, Stromatopelma satanas, S. straelini*

Zentralafrikanische Republik, Zentralafrika: *Phoneyusa belandana, P. lesserti*

Zimbabwe: *Ceratogyrus bechuanicus, C. brachycephalus, C. darlingii, C. dolichocephalus, C. marshalli, Coelogenium pillansi, Pterinochilus crassispina, Pterinochilus meridionalis*

Asien

Burma: *Chilobrachys andersoni, C. bicolor, C. brevipes, C. flavopilosus, C. oculatus, C. pococki, C. sericeus, C. soricinus, Cyriopagopus paganus, Haplopelma minax, H. albostriata, Ornithoctonus andersoni, Phlogiellus brevipes, P. ornatus, Selenocosmia fuliginea, S. orophila*

China: *Chilobrachys tschankoensis*

Hongkong: *Selenocosmia sp.*

Indien: *Annandaliella pectinifera, A. travancorica, Chilobrachys assamensis, C. femoralis, C. fimbriatus, C. flavopilosus, C. fumosus, C. hardwickii, C. stridulans, C. thorelli, Coremiocnemis validus (?), Hapoloclastus cervinus, H. himalayaensis, H. kayi, H. nilgirinus, H. robustus, H. satyanus, H. tenebrosus, H. validus, Ischnocolus decoratus, I. khasiensis, Lyrognathus crotalus, L. pugnax, L. saltator, Plesiophrictus bhori, P. blatteri, P. collinus, P. fabrei, P. linteatus, P. madraspatanus, P. mahabaleshwari, P. meghalayaensis, P. millardi, P. milleti, P. raja, P. satarensis, P. sericeus, Poecilotheria formosa, P. metallica, P. miranda, P. regalis, P. rufilata, P. striata, P. vitatta (?), Selenocosmia himalayana, S.sutherlandi, S. pritami, Thrigmopoeus insignis, T. truculentus*

Indonesien: *Citharognathus hosei* (Borneo), *Haplopelma doriae* (Borneo, Sumatra), *Lampropelma nigerrimum* (Sangir bei Sulawesi), *Phlogiellus subarmatus, P. asper* (Java), *P. atriceps* (Java), *P. inermis* (Java, Sumatra, Lomok, Sumbawa), *Phormingochilus everetti* (Borneo), *P. fuchsi, P. tigrinus* (Borneo), *Selenocosmia aruana* (Aru-Inseln), *S. deliana* (Sumatra), *S. effera* (Halmahera), *S. hasselti* (Sumatra), *S. hirtipes* (Molukken), *S. imbellis* (Borneo), *S. insignis* (Sumatra), *S. insulana* (Djampea), *S. javanensis* (Sumatra, Java, Sulawesi, Simalur), *S. j. brachyplectra* (Java), *S. j. dolichoplectra* (Java), *S. j. sumatrana* (Sumatra), *S. lyra* (Sumatra), *S. obscura* (Borneo), *S. raciborskii* (Java), *S. strubelli* (Java, Molukken)

Iran: *Chaetopelma arabicum*

Israel: *Ischnocolus jerusalemensis, Chaetopelma olivaceum*

Jemen: *Chaetopelma adenense, Monocentropus longimanus*

Kambodscha: *Haplopelma albostriatum*

Karolinen, Marianen: *Plesiophrictus senffti*

Laos: *Phlogiellus subinermis*

Libanon: *Chaetopelma olivaceum*

Malaysia: *Chilobrachys annandalei, C. andersoni, Coremiocnemis cunicularius* (Penang), *C. validus, Cyriopagopus schiödtei* (Penang), *C. thorelli, Lampropelma violaceopedes, Lyrognathus robustus, Selenocosmia javanensis, S. tahanensis*

Nikobaren: *Phlogiellus inermis, P. subarmatus, Selenocosmia javanensis*

Pakistan: *Chilobrachys andersoni, C. thorelli, Lyrognathus saltador, Selenocosmia kulluensis, S. pritami*

Philippinen: *Chilocosmia samarae, Cyriopagopus dromeus, Orphnaecus pellitus, Phlogiellus baeri, P. insularis, P. mutus*

Saudiarabien: *Chaetopelma arabicum*

Singapur: *Coremiocnemis validus, Haplopelma robustum, Lampropelma violaceopedes, Phlogiellus inermis, Selenocosmia tahanensis*

Sri Lanka: *Chilobrachys nitellinus, Plesiophricus tenuipes, Poecilotheria bara, P. fasciata, P. ornata, P. subfusca, P. uniformis, P. vittata (?)*

Südjemen: *Chaetopelma adenense, Monocentropus longimanus*

Syrien: *Chaetopelma adenense, C. aegyptiacum, C. olivaceum, Cratorrhagus concolor, C. tetramerus, Ischnocolus syriacus*

Taiwan: *„Yamia" watesi*

Thailand: *Chilobrachys paviei, Cyriopagopus thorelli, Haplopelma albostriatum, H. minax, H. salangense* (Insel Linnuan), ca. 6 *Phlogiellus sp.*

Türkei: *Ischnocolus sp.*

Vietnam: *Chilobrachys dyscolus, Haplopelma schmidti, Selenopelma kovariki*

Zypern: *Chaetopelma aegyptiacum, C. olivaceum (?), Cratorrhagus concolor, Ischnocolus gracilis*

Australien/Neuguinea

Australien: *Selenocosmia crassipes, S. stirlingi, S. strenua, S. subvulpina, Selenostholus foelschei, Selenotypus plumipes*

Neuguinea: *Chilocosmia arndsti, Ch. dichromata, Phlogiellus bicolor* (Neu-Pommern, Bismarck-Archipel), *Selenocosmia compta, S. crassipes, S. hirtipes, S. honesta, S. lanceolata, S. lanipes, S. papuana, Sl similis, S. strenua, S. strubelli, S. valida,* St. Cruz (Salomonen): *Phlogiellus nebulosus*

Amerika

a) Nordamerika

Vereinigte Staaten: *Aphonopelma anax, A. angusi, A. apacheum, A. armada, A. aureoceps, A. baergi, A. behlei, A. brunnia, A. californica, A. chalcodes, A. clara, A. coloradana, A. cratia, A. cryptehus, A. echina, A. eutylena, A. harlingena, A. helluo, A. hentzi, A. heterops, A. jodia, A. leiogaster, A. lithodoma, A. marxi, A. melania, A. moderata, A. nevadana, A. orthonops, A. phanus, A. phasma, A. pseudorosea, A. radina, A. reversa, A. rileyi, A. rustica, A. seemanni, A. simualta, A. steindachneri, A. zionis, Avicularia californica, Dugesiella hentzi, Eurypelma caniceps, Phormictopus platus, Rhechostica texensis, Tapinauchenius coerulescens, T. texensis*

Mexiko: *Aphonopelma caniceps, A. chalcodes, A. crinita, A. duplex, A. epicureana, A. eusthates, A. geotoma, A. grisea, A. hageni, A. helluo, A. hespera, A. marxi, A. nayaritum, A. panamense, A. prosoica, A. ruedana, A. rustica, A. seemanni, A. serrata, A. steindachneri, A. stoica, A. tamaulipeca, A. truncata, Brachypelma andrewi, B. auratum, B. boehmei, B. emilia, B. palladium, B. smithi, B. vagans, Chraypelmides klaasi, Citharacanthus longipes, Crypsidromus breyeri, Cyclosternum obscurum, Cyrtopholis pernix, Hermirrhagus cervinus, H. ochriventris, Paraphysa manicata, Schizopelma bicarinatum, S. macropus, Spelopelma elliotti, S. grieta, S. mitchelli, S. nahuanum, S. puebla, S. reddelli, S. stygium*

b) Mittelamerika und Karibik

Antigua: *Cyrtopholis bartholomei*

Antillen (allgemein): *Cyrtopholis bartholomei, C. femoralis, C. medius, Theraphosa leblondi (?)*

Bahamas: *Acanthopelma maculatum, Cyrtopholis bonhotei*

Barbados: *Cyrthopholis annectans*

Costa Rica: *Acanthopelma rufescens, Aphonopelma burica, A. seemanni, A. xanthochroma, Brachypelma albopilosa, B. angustatum, B. fossorium, B. mesomelas, B. vagans, Citharacanthus crinirufus, C. longipes, C. sclerothrix, Crypsidromus brevibulbus, C. carinatus, C. drymusetes, C. iceu, C. puriscal, C. rubitarsus, C. zebratus, Cyclosternum fasciatum, C. stylipus, C. viridimontis, Hapalopus pentaloris, „Ischnocolus" schoenmakeri,*

Megaphobema mesomelas, Metriopelma mazebrata, Psamopous reduncus, Sericopelma dota, S. ferruginea, S. generala, S. immensa, S. melanotarsa, S. silvicola, S. upala, Schizopelma bicarinatum, Sphaerobothria hoffmanni, Stichoplastus asterix, S. denticulatus, S. elusinus, S. obelix

Dominica: *Acanthoscurria antillensis*

Dominikanische Republik (San Domingo): *Cyrtopholis agilis, C. cursor, Holothele sericea, Pamphobeteus nigricolor (?), Phormictopus cancerides*

El Salvador: *Aphonopelma seemanni, Cyrthopholis angustatus, C. longistylus, C. schusterae*

Guadelupe, Martinique: *Avicularia versicolor*

Guatemala: *Aphonopelma panamense, A. seemanni, Acanthopelma rufescens, Brachypelma albopilosa, B. sabulosum, B. vagans, Citharacanthus longipes, Cyrtopholis sargi, Schizopelma masculina, Stichoplastus spinulosus*

Haiti: *Citharacantus spinicrus, Holothele sericea, Phormictopus cancerides*

Honduras: *Aphonopelma seemanni, Brachypelma albopilosa, B. vagans, Mygalarachne brevipes, Phormictopus atrichomatus*

Jamaika: *Cyrtopholis jamaicola*

Kleine Antillen (allgemein): *Acanthoscurria antillensis*

Kuba: *Brachypelma andrewi (?), Citharacantus longipes niger, C. spinicrus, Cyclosternum ischnocoliforme, C. majum, Cyrtopholis anacantus, C. debilis, C. d. bispinosus, C. gibbosus, C. innoncus, C. plumosus, C. respinus, C. unispinus, „Eurypelma" hirsutum, „Ischnocolus" denticularis, Phormictopus cancerides, P. c. centumfocensis, P. cubensis, P. nesiotes, P. platus, Stichoplastus obsoletus*

Montserrat: *Cyrtopholis femoralis*

Nicaragua: *Aphonopelma lanceolatum, A. latens, A. seemanni, Sericopelma sp.*

Panama: *Aphonopelma embrithes, A. panamense, Avicularia glauca, Brachypelma emilia, Crypsidromus coloratus, C. panamanus, C. parvior, Sericopelma commune, S. rubronitens, Psalmopoeus intermedius, P. pulcher, P. rufus, Xenesthis immanis*

Puerto Rico: *Avicularia caesia, A. laeta, Cyrtopholis portoricae, „Ischnocolus" culebrae, Stichoplastus culebrae, Phormictopus cancerides*

St.-Kitts-Inseln: *Cyrtopholis medius*

St. Lucia: *Acanthoscurria antillensis*

St. Thomas: *Cyrtopholis bartholomei, „Ischnocolus" schoenmakeri*

St. Vincent: *Acanthoscurria antillensis, Tapinauchenius sanctivincentii*

Tobago: *Cyriocosmus sp., Hapalopus incei*

Trinidad: *Avicularia avicularia, A. velutina, Crypsidromus trinitatis, C. t. pauciaculeis, Cyriocosmus elegans, C. semifasciatus, Hapalopus incei, Phormictopus meloderma, Psalmopoeus cambridgei, Stichoplastus sanguiniceps, Tapinauchenius plumipes*

Westindische Inseln (allgemein): *Phormictopus cancerides, Psalmopoeus affinis, P. cambridgei*

c) Südamerika

Argentinien: *Acanthoscurria chacoana, A. cordubensis, A. sternalis, Aphonopelma mendozae, A. minax, „A." saltator, A. vitiosum, Ceropelma lonigsternalis, Crypsidromus morenii, Cyrtopholis lycosoides, Dryptopelma crassifemur, Eupalaestrus campestratus, Grammostola argentinensis, G. burzaquensis, G. chalcothrix, G. ferruginea (?), G. gossei, G. grandicola, G. intermis, G. iheringi,*

Eine Riesenvogelspinne, *Pamphobeteus spec.*

Grammostola actaeon kommt in Brasilien vor.

Die große Vogelspinne *Citharischius crawshayi* lebt in Kenia, Tansania und Uganda.

Aus Brasilien stammt die Riesenvogelspinne *Pamphobeteus tetracanthus*.

G. mollicoma, G. pulchripes, G. spatulata, G. vachoni, Hapalopus versicolor, Heterothele caudicula (Fundort fraglich, Patagonien?), *Homoeomma elegans, H. uruguayensis, Lasiodora weijenberghii, Oligoxystre argentinensis, Paraphysa manicata, P. phryxotrichoides, Phormictopus australis, Phrixotrichus roseus, Pterinopelma saltador*

Bolivien: *Acanthoscurria gigantea, A. insubtilis, A. musculosa, Avicularia soratae, Crypsidromus bolivianus, C. familiaris, Cyriocosmus elegans, Cyrtopholis lycosoides, Grammostola gossei (?), G. monticola, Hapalotremus albipes, Pseudhapalopus aculeatus, Pamphobeteus antinous, P. nigricolor*

Brasilien: *Acanthoscurria aurita, A. atrox, A. brocklehursti, A. chiracantha, A. convexa, A. cristata, A. cunhae, A. cursor, A. dubia, A. ferina, A. fracta, A. geniculata, A. guaxupe, A. gomesiana, A. juruenicola, A. melanotheria, A. musculosa, A. natalensis, A. palmicola, A. parahybana, A. parvitarsis, A. paulensis, A. pugnax, A. rhodothele, A. rondoniae, A. rufa, A. sternalis, A. suina, A. tarda, A. theraphosoides, A. transamazonica, A. urens, A. violacea, A. xinguensis, A. Aphonopelma doleschalli, A. dubium, A. imperatix, A. ochraceum, A. rubropilosum, A. vellutinum, A. vitiosum, A. wacketi, Avicularia ancylochira, A. avicularia, A. a. variegata, A. bicegoi, A. cuminami, A. detrita, A. fasciculata, A. f. clara, A. hirsuta, A. juruensis, A. laeta, A. leporina, A. pulchra, A. seladonia, A. taunayi, A. walckenaeri, A. zatordes, Ceropelma insulare, Citharacanthus myodes, C. reginus, Crypsidromus fallax, C. isabellinus, C. pantherinus, C. sternalis, Cyclosternum bicolor, C. garbei, C. janeirum, C. obesum, C. schmardae, C. symmetricum, Cyriocosmus elegans, C. fasciatus, C. sellatus, Cyrtopholis meridionalis, C. palmarum, C. zorodes, Dryptopelma hirsutum, D. montanum, D. minense, D. nubilum, D. physopum, D. rondoni, Ephebopus murinus, E. violaceus, Euathlus truculentus (?), Eupalaestrus anomalus, E. pugilator, E. spinnosissimus, E. tarsicrassus, E. tenuitarsus, Grammostola actaeon, G. alticeps, G. brevimetatarsis, G. fasciata, G. ferruginea, G. gigantea, G. grandicola, G. iheringi, G. mollicoma, G. pulchra, G. pulchripes, G. roquettei, Hapalopus flavohirtus* (nach GERSCHMANN und SCHIAPELLI, 1970 zu *Ceropelma), H. nondescriptus, H. rectimanus, H. semiaurantiacum, H. tripeppi, H. versicolor, Hapalotremus cyclothorax, H. exilis, H. longibulbi, H. muticus, H. scintillans, Holothele proxima, Homoeomma brasilianum, H. familiare, H. humile, H. montanum, H. moreirae, H. nigrum, H. simoni, H. strabo, H. stradlingi, H. villosum, Lasiodora acanthognatha, L. citharacantha, L. cryptostigma, L. curtior, L. differnes, L. difficilis, L. dolichosterna, L. dulcicola, L. erythrocithara, L. fracta, L. itabunae, L. klugii, L. lakoi, L. mariannae, L. parahybana, L. pleoplectra, L. spinipes, L. striatipes, L. subcanens, Megaphobema robusta, „Mygalarachne" fallax, Nhandu carapoensis, Oligoxystere auratus, O. mimeticus, Ozopactus ernsti, Pachistopelma rufonigrum, Pamphobeteus nigricolor, Phormictopus brasiliensis, P. multicuspidatus, P. ribeiroi, Stichoplastus anomalus, Tapinauchenius plumipes, Theraphosa leblondi, Vitalius benedeni, V. cesteri, V. communis, V.cucullatus, V. exsul, V. holophoeus, V. insularis, V. litoralis, V. masculus, V. melanocephalus, V. piracicabensis, V. platyomma, V. rondoniensis, V. roseus, V. sorocabae, V. tetracanthus*

Chile: *Aphonopelma aberrans, A. affine, Grammostola cala, G. gossei (?), G. spatulata, Lasiodora porteri, Oligoxystere argentinensis, Paraphysa manicata, P. phryxotrichoides, Phrixotrichus roseus (auratus), P. parvulus*

Ecuador: *Aphonopelma aberrans, Avicularia purpurea, Crypsidromus velox, Cyclosternum gaujoni, C. schmardae, Dryptopelma janthinum, Ephebopus fossor, Pamphobeteus augusti, P. nigricolor, P. vespertinus, Paraphysa pulcherrimaklaasi, Psalmopoeus ecclesiasticus, Tapiauchenius sp., Xenesthis immanis*

Französisch-Guyana: *Avicularia sp., Ephebopus murinus, Hapalopus guianensis, Tapinauchenius gigas, Theraphosa leblondi*

Guayana: *Acanthopelma beccarii, Acanthoscurria minor, Aphonopelma guyanamum, A. marxi, Avicularia avicularia, A. nigrotaeniata, Ephebopus murinus, Holothele mutilata, Pachistopelma concolor, Therapohosa leblondi*

Kolumbien: *Avicularia magdalenae, A. rutilans, Brachypelma vagans, Cyclosternum schmardae, C. kochi, Hapalopus formosus, Holothele modesta, Homoeomma strabo, „Ischnocolus" obscurus (?), Megaphobema robusta, Pamphobeteus ferox, P. fortis, P. insignis, P. nigricolor, P. ornatus, Psalmopoeus emeraldus, P. plantaris, Vitalius roseus, Xenesthis immanis, X. monstrosus*

Paraguay: *Acanthoscurria musculosa, Aphonopelma borellii, A. vitiosum, Eupalaestrus campestratus, Hapalopus semiaurantiacum, H. versicolor, Grammostola grandicola, G. pulchripes, Nhandu carapoensis*

Peru: *Avicularia sp., Aphonopelma aymarum, Hapalopus pictus, Hemirrhagus major, H. peruvianus, Grammostola pulchripes, Pamphobeteus antinous, P. nigricolor, Paraphysa manicata, Phrixotrichus roseus (auratus), Xenesthis immanis*

Südamerika: *Acanthoscurria maga, Aphonopelma lamperti, A. rapax, Avicularia holmbergi, A. subvulpina, Phormictopus cancerides tenuispina, P. cautus, Tapinauchenius grossus*

Surinam: *Aphonopelma pedatum, Avicularia deborii, A. exilis, A. metallica, A. surinamensis, Tapinauchenius plumipes, Theraphosa leblondi*

Uruguay: *Acanthoscurria suina, A. sternalis, Aphonopelma antrahcinum, „A." saltator, A. tigrinum, A. vitiosum, A. weijenberghi, Ceropelma longisternalis, C. aurantiacum, Citharacanthus myodes, Grammostola alticeps, G. mollicoma, G. pulchra, G. pulchripes, G. roquettii, Homoeomma uruguayensis, „Ischnocolus" alticeps, Lasiodora saeva, Nhandu sp., Pterinopelma saltador*

Venezuela: *Aphonopelma cyanopubesnens, Avicularia minatrix, A. velutina, Ceropelma gertschi, Crypsidromus tetricus, C. familiaris, Cyclosternum kochhi, C. longipes, C. rufohirtum, Cyriocosmus elegans, C. nigriventris, C. planus, Dryptopelma chickeringi, Hapalopus triseriatus, Harpaxictis striatus, Holothele cervina, H. inflata, H. kastoni, H. lineata, H. ludwigi, H. recta, Ozopactus ernsti, Phormictopus hirsutus, Pseudotheraphosa apohysis, Stichoplastus ravidus, S. variegatus, Tapinauchenius latipes, Theraphosa leblondi, Xenesthis immanis, X. intermedius*

Literatur

Browning, John G.
Tarantulas. T.F.H. Publ., Neptune, NJ. 1981.

David, Al.
A Complete Introduction to Tarantulas. T.F.H. Publ., Neptune, NJ. 1987.

Hancock, Kathleen & John.
Sex Determination of Immature Theraphosid Spiders from their Cast Skins. Selbstdruck der Autoren., 28 Pump Mead Close, Southminster, Essex CMO 7AE, UK.

Klaas, Peter.
Vogelspinnen im Terrarium. Verlag Eugen Ulmer, Stuttgart, 1989.

Lund, Dale.
All About Tarantulas. T.F.H. Publ. Neptune, NJ. 1977.

Nichol, John.
Bites and Stings. David & Charles, UK. 1986.

Schmidt, Günter.
Vogelspinnen: Lebensweise · Bestimmungsschlüssel · Haltung · Zucht. 4. Auflage. Landbuch Verlag, Hannover. 1993.

Smith, Andrew M.
The Tarantula Classification and Identification Guide. Fitzgerald Publ.

Webb, Ann.
Wall to Wall Spiders. Noch unveröffentlicht.

Bildquellennachweis

Die folgenden Bildautoren stellten Fotos und Zeichnungen für die Originalausgabe zur Verfügung:
David Alderton, William B. Allen, Jr., Dr. Herbert R. Axelrod, E. Balon, D.T. Boujard, Paul Carpenter, Dr. Guido Dingerkus, Pedro Antonio Federsoni, Isabelle Francais, Paul Freed, Michael Gilroy, John Hancock, Alex Kerstitsch, Ken Lucas, Christine McNamara, Dr. Sherman, A. Minton, Alcide Perucca, Ron Reagan, Ivan Sazima, Dennis Toulson.

Die deutsche Ausgabe wurde um Fotos der folgenden Bildautoren erweitert:
Ralf Heselhaus: Seite 67 unten rechts
Peter Klaas: Seite 19 unten, 41 oben, 45, 48, 51, 52, 53, 58 unten, 59, 62, 72, 74 oben, 76, 77, 81, 95 oben, 96, 99, 102, 103, 104, 107, 108, 109, 110, 118
Matthias Schmidt: Titelbild, Seite 67 oben, 67 links unten, 113
Christian Stehr: Seite 28, 32, 36, 37, 80

Fachwortregister

Abdomen: Hinterleib (= Opisthosoma)

Bulbus: verdicktes Ende des männlichen Tasters, das den Samen aufnimmt

Carapax: oberer Teil des Cephalothorax

Cephalothorax: Kopfbruststück (= Prosoma)

Chelizeren: das erste Gliedmaßenpaar der Spinnen, enthält die Chelizerenklauen (Fang)

Dorsalansicht: Rückenansicht

Geschlechtsdimorphismus: unterschiedliches Aussehen der Geschlechter

Epigastralfurche: Querfurche auf der Unterseite des Abdomens: In der Mitte befindet sich die Gechlechtsöffnung, an den Seiten liegen die Fächerlungen.

Femur: Drittes Beinglied

Hämolymphe: „Blut" der Gliedertiere

Kopulation: Paarung, geschlechtliche Vereinigung

Labium: Unterlippe

Metatarsus: sechstes Beinglied

Ovarien: Eierstöcke

Patella: viertes Beinglied

Prosoma: Kopf-Brust-Stück (= Cephalothorax)

Petiolus: Verbindungsstück zwischen Cephalothorax und Abdomen

Receptacula seminis: Teil des weiblichen Gechlechtsorgans, in dem Samen gespeichert werden kann

Spermagewebe: vom Männchen gefertigtes Gewebe, das der Samenaufnahme dient, bevor der Samen in die Bulbi aufgenommen wird

Spermathek: weibliches Geschlechtsorgan, Samenspeicher: siehe Receptacula seminis

Sternum: Brustschild auf der Unterseite des Cephalothorax

Stridulation: Lauterzeugung durch Reibung; die Stridulationsorgane liegen bei Vogelspinnen auf den Chelizeren und Tastern oder auf den Tastern und dem ersten Beinpaar

Tarsus: Fußglied der Beine

Tibia: fünftes Glied der Beine

toxisch: giftig

Ventralansicht: Bauchansicht

Artenregister * = Farbabbildung